Collaborative Business und Web Services

Springer
Berlin
Heidelberg
New York
Hongkong
London
Mailand
Paris
Tokio

Holger Silberberger

Collaborative Business und Web Services

Ein Managementleitfaden in Zeiten technologischen Wandels

Mit 18 Abbildungen

Springer

Dipl.-Kfm. Holger Silberberger
Gabelsberger Straße 65
80333 München
info@web-services-strategies.de

ISBN 3-540-00417-3 Springer-Verlag Berlin Heidelberg New York

Bibliografische Information Der Deutschen Bibliothek
Die Deutsche Bibliothek verzeichnet diese Publikation in der Deutschen Nationalbibliografie; detaillierte bibliografische Daten sind im Internet über <http://dnb.ddb.de> abrufbar.

Springer-Verlag Berlin Heidelberg New York
ein Unternehmen der BertelsmannSpringer Science+Business Media GmbH

http://www.springer.de

Umschlaggestaltung: Design & Production GmbH, Heidelberg

SPIN 10910689 42/3130-5 4 3 2 1 0 – Gedruckt auf säurefreiem Papier

Für Angelika, Oskar, Ulrich ... und Isabella Bianca

Inhaltsverzeichnis

Teil I: Collaborative Business

Teil II: Web Services

Teil III: Identity Management

Teil IV: Strategie und Management

Teil I: Collaborative Business

1 Collaborative Business: Definition und erste Annäherung

In der Mythologie der alten Griechen war Hermes zuständig für alle Kaufleute und Reisenden sowie für sicheres Weggeleit. Später ordnete das antike Rom Hercules ähnliche Aufgaben zu. In der Vorstellung dieser Hochkulturen sorgten beide Figuren also dafür, dass Menschen auch über größere Distanzen untereinander Waren, Leistungen und letztlich auch Informationen tauschen konnten, um in einer solchermaßen arbeitsteiligen Welt für eine Verbesserung der Situation der verschiedenen Handelspartner zu sorgen. Hätte die Antike über unsere heutige Technologie verfügt und hätten die alten Griechen eine ähnlich fetischistische Beziehung zu Anglizismen gehabt wie unsere heutige Gesellschaft, der Begriff „Collaborative Business" hätte sicher schon durch Sokrates Weltruhm erlangt.

Denn entrümpelt man die zeitweise überhitzte Diskussion um diesen Begriff ein wenig, entsorgt man Verwirrung stiftende Technologiedebatten und verbannt man überzogene Nutzenerwartungen aus diesem Themenumfeld, so lässt sich im Kern eine einfache Definition finden:

Collaborative Business ist eine Geschäftsstrategie, die verschiedenste Partnerunternehmen entlang einer Wertschöpfungskette dazu animiert, unter der Prämisse gemeinsamer Zielsetzungen durch gezielten Informationsaustausch gegenseitigen Mehrwert zu generieren.

Doch welchen Rahmenbedingungen muss sich diese an sich simple und alte Idee unterordnen, welche Welt würden Hermes und Hercules heute vorfinden? Beide müssten sich angesichts der seit ihren Tagen eingetretenen, enormen Beschleunigung des Geschäftslebens sicher verwundert die Augen reiben. Informationsteilung quasi in Echtzeit ermöglicht es Unternehmen, allein oder in Zusammenarbeit mit Partnern den Kundendienst zu verbessern, Risiken und Lagerbestände zu minimieren und Prozesskosten zu reduzieren. Auf sich ändernde Marktbedingungen kann heute Dank moderner Informationstechnologie (IT) um ein Vielfaches schneller reagiert werden. Wie es in der Antike für das geographische Weltbild galt, so sind aber auch heute im Technologiebereich viele Sichtweisen und Systeme gelinde gesagt etwas beschränkt, auf sehr überschaubare Aufgabengebiete konzentriert. Insellösungen, wohin man auch blickt: Die IT-Welt ist voll davon. Intranet, Internet, Extranet, CRM und viele viele Systeme mehr haben sich ihren – meist berechtigten – Platz im Geschäftsalltag besonders großer und multinationaler Unternehmen erobert. Sie schaffen Großartiges, steigern die Effizienz und Produktivität, erzeugen aber auch neue Medienbrüche und Übersetzungsprobleme. Denn an ihren „Rändern" endet schlagartig ihre Wirkung. Brücken zu anderen Systemen sind nur selten vorhanden.

Wie lange noch werden wir es uns leisten können, in diesem an Robinson Crusoe erinnernden Zustand weiterzuwirtschaften? Wann werden die ökonomischen Zwänge stark genug, damit diese Rand-Ineffizienzen verschwinden? Die Haupttreiber des Collaborative Business jedenfalls scheinen bekannt und stark genug zu sein, um der unternehmensübergreifenden Verknüpfung und Externalisierung IT-unterstützter Prozesse eine nachhaltig wachsende Dynamik zu verleihen. Zu diesen Haupttreibern zählen

- Globalisierung der Wirtschaft,
- wachsender Zwang zu kürzeren Innovations- und Entwicklungszyklen,
- zunehmende Produktkomplexität,
- zunehmend dezentrale Organisationsformen.

Durch das Zusammenspiel dieser Kräfte wird die früher allseits akzeptierte Kategorisierung der Koordinationsstrukturen zwischen Unternehmen in die beiden Kategorien

- Hierarchische Koordinationsstrukturen und
- Marktstrukturen

obsolet. Vielmehr weichen hybride Mischformen in zunehmendem Maße den dichotomen Charakter dieser Klassifizierung auf. Entscheidenden Einfluss auf die letztendliche Ausprägung entsprechend hybrider Koordinationsstrukturen üben dabei u.a. die folgenden Partnerschafts-Dimensionen aus:

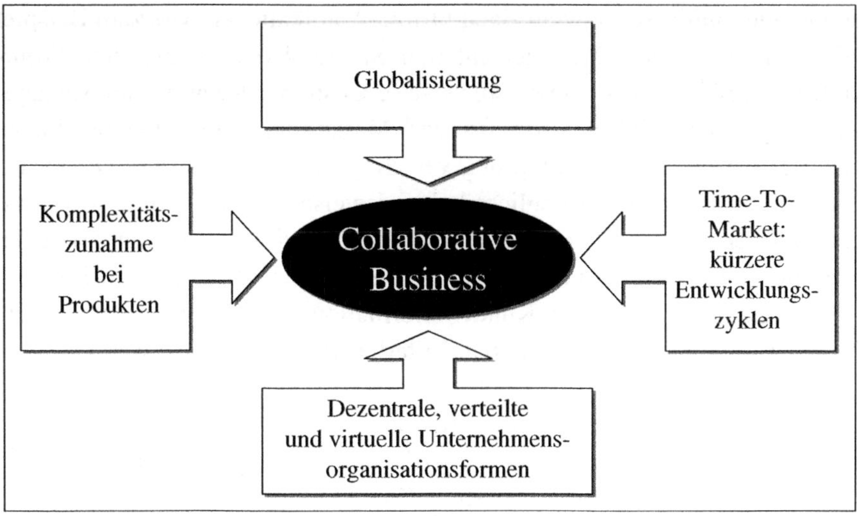

Abbildung 1. Hauptfaktoren für die C-Business-Entwicklung

- Grad der Zentralisierung beziehungsweise Dezentralisierung,
- Dominanz beziehungsweise Neutralität einzelner Partner,
- Anzahl der Beziehungsgeflechtspartner,
- Zeithorizont der Koordinationsvereinbarung.

Weil sich aufgrund der vier in Abbildung 1 ersichtlichen Faktoren (Globalisierung, Time-To-Market, Produktkomplexität, dezentrale Organisationsformen) eine permanente Verschiebung des Kräftegleichgewichts hinsichtlich der o.a. Partnerschaftsdimensionen einstellt, müssen Koordinationsstrukturen eine außerordentliche Flexibilität aufweisen. Bei datenabhängigen Prozessgeflechten setzt dies offene, auf gemeinsamen Standards beruhende IT-Systeme voraus. Mit zunehmender Verbreitung Browser-basierter Datenaustausch-Standards sind inzwischen die Rahmenbedingungen gegeben, die eine solche Entwicklung ermöglichen.

Gerade bei global operierenden Konzernen schickt man sich daher bereits heute an, eine neue Ära einzuläuten. Vielerorts wird daran gearbeitet, interne und externe Insellösungen zu integrieren. Manche Beobachter gehen gar davon aus, dass bis 2004 weltweit mehr als 75 % aller Unternehmen Collaborative-Business-Technologien nutzen werden. Dahingehende Bemühungen umfassen sowohl Back-Office-Applikationen, wie zum Beispiel ERP, Supply Chain Management und Service-Systeme, als auch Front-Office-Applikationen, wie beispielsweise Customer-Relationship-Management-Systeme (CRM), Vertriebs- und Marketingsysteme. Letzten Endes geht es darum, eine Verknüpfung verschiedener geschäftlicher Dimensionen zu erreichen. So ermöglicht beispielsweise die Integration horizontal orientierter Geschäftsprozesse eine End-To-End-Koordination zwischen Vertrieb, Marketing, Kundendienst und anderer Schnittstellen zum Kunden. IT-Lösungen helfen dabei, Kundeninformationen über die gesamte Unternehmensorganisation zu verteilen. Mitarbeiter und Prozesse werden dabei unterstützt, Kundenbeziehungen über das komplette Kundenspektrum hinweg zu optimieren. Diese weiter gefasste Kundendefinition schließt Käufer, Geschäftspartner und Vertriebskanäle mit ein und beinhaltet in zunehmendem Maße Internet-basierte Kanäle.

In der landläufigen Diskussion über das Thema "Collaborative Business" haben technische Fragestellungen inzwischen ein Übergewicht erlangt, das nicht angemessen erscheint. Schließlich geht es im Kern nicht um Technologie sondern um Prozesse, die identifiziert und verstanden, modelliert und manchmal simuliert, durchgeführt und gemanagt, überwacht und mit anderen geteilt werden sollen. Kapital- und Aktiengesellschaften stehen außerdem vor dem Problem, dass allein schon die Ankündigung einer neuen Partnerschaft mit anderen Marktteilnehmern die eigene Marktkapitalisierung erheblich beeinflussen kann. Collaborative Business umschreibt somit eine komplexe Aufgabe, die ein vorsichtiges, iteratives Vorgehen nahe legt.

In einem ersten Schritt auf diesem Weg werden oft E-Business und CRM-Lösungen miteinander verbunden. Denn beide können nur im Gleichklang nachhaltigen Nutzen stiften. Insgesamt spricht diese Entwicklung aber verschiedene Zieldimensionen an: extern (zum Beispiel in Richtung der Absatzkanäle) wie intern (zu Mitarbeitern hin), upstream (zu Lieferanten hin) wie downstream (zu Kunden hin).

Sogenannte „Quick Wins" ergeben sich hierbei vor allem auf der Kostenseite im Back-Office-Bereich, da – bei entsprechend realisierter Systemintegration – die Kommunikation und Interaktion mit Mitarbeitern, Lieferanten und Geschäftspartnern effizienter gestaltet werden kann. So können Kunden beispielsweise gänzlich neue Möglichkeiten zu Self-Service-

Aktivitäten eröffnet werden, wenn die vormals rein für Vertriebszwecke installierte Web-Lösung plötzlich die Ressourcen von Systemen nutzen kann, auf die bisher lediglich Mitarbeiter zugreifen konnten. Schadens-Selbst-Management durch Versicherungskunden ist hier nur ein Beispiel von vielen. Die Einsparungen in der internen Schadensbearbeitung und -verwaltung sind bei entsprechender Kundenakzeptanz enorm. Je größer die Anzahl der miteinander interagierenden Parteien, desto größer ist der ökonomische Zwang zu optimierten Interaktionsprozessen und -systemen.

Ein Beispiel aus dem Bereich „Versicherung“ verdeutlicht, wie viele Beteiligte selbst bei Standardprozessen eingebunden werden und miteinander kommunizieren müssen. So beinhaltet ein solcher Standardprozess beispielsweise die Schritte Kundenakquisition, Antragstellung, Risikoprüfung, Zeichnung und Ausstellung der Versicherungspolice, Einzug des Deckungskapitals sowie gegebenenfalls die Schadensabwicklung, die Abrechnung und das Ende der Versicherungsdauer. Während IT-Systeme und Applikationen bei allen diesen Schritten mehr oder minder notwendig sind, trifft dies auf andere Beteiligte nur für einzelne Prozessschritte zu. Besonders Schadensregulierer, Ärzte und Gutachter sind meist nur punktuell involviert. Vermittler allerdings müssen zumindest bei der Akquisition, dem Antrag und der Risikoabschätzung, der Ausstellung der Police sowie bei der Schadensabwicklung beteiligt sein. Die Verwaltung des Versicherungsunternehmens wiederum ist bis auf den eigentlichen Akt der Kundenakquisition stets informiert und eingebunden. Unterschiedliche Beteiligungsschwerpunkte ergeben sich für die Rechtsabteilung des Versicherungsunternehmens, für die Anlageplanung, die Marketing- und Werbeabteilungen sowie für die Versicherungskalkulation. Eine derart komplexe und situationsabhängige Zusammenarbeit unterschiedlichster Stellen selbst bei den häufigsten Standardprozessen verlangt nach detaillierten Prozessdefinitionen und professioneller Kommunikations- und IT-Infrastruktur. Medienbruchsfreie Kommunikations- und Datenflüsse realisieren somit erhebliche Effizienzpotenziale.

Aber auch im Front-Office-Bereich lassen sich auf diese Weise positive Effekte erzielen. Individuellere Kundenansprache – kanalunabhängig gestützt auf den Informationsschatz der gesamten Kundenhistorie – führen zu gesteigerter Kundenzufriedenheit, Kundentreue und damit zu einem erhöhten „Kundenwert“.

Wie so oft in IT-bezogenen Bereichen nehmen auch im Collaborative Business große Unternehmen die Vorreiterrolle ein:

- So wird beispielsweise keines der Fahrzeugmodelle, das im Jahre 2004 die Fabrikhallen von DaimlerChrysler verlassen wird, ohne den Einsatz von kollaborativen Design-Tools entwickelt worden sein.
- Im EU-Projekt ENScube (European Numerical Simulation Services for SMEs), in welchem der Flugzeughersteller EADS mit verschiedenen Partnern das Collaborative Engineering länderübergreifend testet, werden verschiedene Szenarien des kooperativen Engineerings durchgespielt.
- Der Logistikdienstleister UPS kündigte für das Jahr 2002 an, rund 55 Millionen US $ in kollaborative Projekte zu investieren.
- Der amerikanische Versicherungskonzern CIGNA kündigte für das selbe Jahr an, über ein Drittel seines 800 Millionen US $ schweren IT-Budgets für die Entwicklung von E-Business-Collaboration-Fähigkeiten ausgeben zu wollen.
- Die Baumarktkette Home Depot wiederum wickelt bereist heute 85 % aller Geschäftsvorfälle mit Lieferanten des Unternehmens über elektronische Verbindungen ab. Dies umfasst sämtliche Prozesse von der Bestellung bis hin zur Abrechnung.

Aber auch der Mittelstand bewegt sich. Laut einer Studie des Fraunhofer-Instituts in Magdeburg, für die 3.000 Mittelständler befragt wurden, gewähren erst 5 % der Firmen ihren Lieferanten Einblick in interne Daten. Doch weitere 35 % geben an, entsprechende Anbindungen zu planen.

2 Collaborative Business: Fünf Thesen

Beschleunigung und Globalisierung des Wirtschaftslebens zwingen Unternehmen in zunehmendem Maße zur Effizienzsteigerung. Daher werden sowohl unternehmensinterne als auch unternehmensübergreifende Geschäftsprozesse im Hinblick auf Optimierungspotenziale untersucht. Maßnahmen, die zur Verknüpfung und medienbruchsfreien (Teil-) Automation führen, kommen in diesem Zusammenhang entscheidende Bedeutung zu.

Mit der inzwischen ubiquitären Internettechnologie bieten sich erstmals Standards an, die es ermöglichen, technologische Insellösungen umfassend miteinander zu kombinieren. Prozessunterstützende Applikationen können somit unternehmensintern, mit Lieferanten, Vertriebspartnern und Abnehmern, aber auch mit Geschäftspartnern auf gleicher Wertschöpfungsstufe verbunden werden. Der Phantasie scheinen im Hinblick auf mögliche Einsparungen und Umsatzsteigerungen keine Grenzen gesetzt zu sein. Dennoch stehen zahlreiche Hürden der „heilen neuen Welt" entgegen. Komplexität und Investitionsvolumina machen es erforderlich, Entwicklungen in Richtung Collaborative Business sehr selektiv und bedacht anzugehen. Erste Erfahrungen im Mikrokosmos der eigenen Firma – zum Beispiel bei der bereichsübergreifenden Applikations-Integration – bilden ein belastbares Fundament für die integrative Durchbrechung der „Außenhülle" eines Unternehmens.

Spätestens bei diesem Schritt sind klassische EAI-Tools (Enterprise Application In-tegration) mit ihrem Latein am Ende. Im Zuge der Prozessexternalisierung spielen vielmehr nichttechnologische Aspekte eine erfolgsentscheidende Rolle. Ohne rigide Aktivitätenpriorisierung, gemeinsame Zieledefinition, organisatorische Umgestaltungen und Beachtung sozialer Prozesse werden kollaborative Ansätze scheitern müssen.

Selektives Vorgehen wird dazu führen, dass die erreichten Ergebnisse stets hinter dem theoretisch Machbaren zurückbleiben werden. Dieser Umstand allein kann aber nicht als Indiz für mangelhaftes Engagement gewertet werden. Er ist eher als systemimmanente Gesetzmäßigkeit zu akzeptieren.

Eine vom Autor dieses Buches durchgeführte Erhebung bestätigt, dass hinsichtlich der Downstreamintegration im Bereich Customer Self Service vielerorts die gegenwärtigen Möglichkeiten des Web-Kanals überschätzt werden. Auch wenn sich hier für die Zukunft enorme Potenziale abzeichnen, sind deutsche Konsumenten in vielen Bereichen noch zurückhaltend. Das Internet wird vorwiegend dort als Self-Service-Kanal akzeptiert, wo regelmäßig und häufig durchzuführende Aktivitäten und Entscheidungen geringer Komplexität anstehen. In allen anderen Bereichen sind klassische Interaktionskanäle, wie zum Beispiel persönliche oder telefonische Beratung, noch deutlich entscheidender. Dennoch sollte die Informationsfunktion des Web-Kanals gerade für Premium-Kundensegmente in Pre-Sales-Angelegenheiten nicht unterschätzt werden. Darüber hinaus ist zu beachten, dass die bisher gebotenen Web-Applikationen meist recht unzufriedene Kunden hinterlassen. Dies führt zu illoyalen Kunden und macht sich damit direkt beim Unternehmensgewinn bemerkbar. Web-Initiativen verlangen heute daher weniger nach quantitativer Steigerung als nach qualitativer Aufwertung.

Im Sinne des Collaborative Business bieten sich auf absehbare Zeit signifikante Optimierungspotenziale vorwiegend im unternehmensinternen Bereich sowie hin-sichtlich der intensiven und engen Zusammenarbeit mit Unternehmen auf vorgelagerten, gleichen und nachgelagerten Wertschöpfungsstufen.

Zusammengefasst ergeben sich aus der vom Autor durchgeführten Studie fünf Thesen zum Thema „Collaborative Business“:

These 1:

Kompetenzen in den beiden Bereichen Customer Relationship Management und E-Business bilden die Basis für Collaborative Business.

These 2:

Unternehmen entwickeln sich üblicherweise über einen dreistufigen Migrationspfad zum Collaborative Player: Effizienzsteigerung innerhalb bestimmter Organisationseinheiten, Realisierung unternehmensweiter Synergiepotenziale, Collaborative Business über die Unternehmensgrenzen hinaus.

These 3:

Über die Unternehmensgrenzen hinausgehender Collaborative Business umfasst drei unterschiedliche Entwicklungs- und Reifestadien: transaktionsorientierte Zusammenarbeit, Datenaustausch, gemeinsame Planung & Kollaboration. Auf der letztgenannten Entwicklungsstufe sind drei Arbeitsschritte von zentraler Bedeutung: bilaterale oder multilaterale Basisvereinbarung, gemeinsamer Business-Plan, detaillierte Kollaborationsplanung.

These 4:

Kollaborative Integration unternehmensexterner Prozesse erfordert starkes Back-End-Engagement, während interne Kollaborationsansätze oft auch schon via Front-End-Integration realisiert werden können.

These 5:

Web-basierter Customer Self Service sollte sich bei simplen Produkten auf Transaktionsfunktionalitäten fokussieren, während bei komplexen Angeboten Informationsbedürfnisse der Kunden im Mittelpunkt stehen sollten. Die Einbettung in klassische CRM-Strategien sollte hohe Priorität genießen.

3 Der Markt

3.1 Status Quo: EDI

Der elektronische Austausch von Geschäftsdaten, Electronic Data Interchange (EDI), ist eine bereits seit Jahren gängige Form der Kommunikation über Unternehmensgrenzen hinweg, bei der kommerzielle und technische Daten plattformunabhängig zwischen Computern beziehungsweise Applikationen verschiedener Geschäftspartner unter Anwendung offener elektronischer Kommunikationsverfahren ausgetauscht werden. Eine andere etwas enger gefasste Form der Definition bezeichnet EDI als elektronischen, unternehmensübergreifenden Austausch strukturierter Geschäftsdaten von Anwendung zu Anwendung.

EDI ermöglicht es, strukturierte Geschäftsdaten zwischen räumlich getrennten Anwendungen, sprich Computersystemen, so auszutauschen, dass diese von der Anwendung des empfangenden EDI-Partners automatisch verarbeitet werden können.

Als strukturierte Geschäftsdaten werden alle Informationen bezeichnet, die sich in Form von Formularen abbilden lassen und zwischen Geschäftspartnern, Banken und Behörden ausgetauscht werden. Dies sind unter anderem Rechnungen, Bestellungen, Lieferscheine, Zolldokumente und Zahlungsaufträge. Diese Dokumente lassen sich bereits elektronisch austauschen und ohne menschliche Intervention automatisch verarbeiten.

Um diese Art des Datenaustausches zu gewährleisten werden standardisierte Datenformate genutzt, die sozusagen das Regelwerk für die Abbildung der Informationen bilden. EDIFACT (Electronic Data Interchange For Administration, Commerce and Transport) stellt dabei den weltweit gültigen, branchenübergreifenden Standard dar. Neben EDIFACT existiert noch eine Vielzahl sogenannter Subsets, exakt definierten Untermengen, die lediglich nationale oder branchenweite Bedeutung besitzen.

Wird EDI integrativ im Unternehmen implementiert, so können vollautomatische Geschäftsprozesse modelliert werden, die dem traditionellen Geschäftsdatenaustausch auf Papier in Bezug auf Geschwindigkeit, Kosten und Fehleranfälligkeit überlegen sind. Die Realisierung des EDI-Datenaustausches bildet daher oft die Basis für eine Neustrukturierung beziehungsweise Optimierung der bestehenden Geschäftsprozesse.

Allerdings sind der Flexibilität enge Grenzen gesetzt. Kurzfristige Anpassungen bestehender Systeme an sich ändernde Bedürfnisse sind meist nicht möglich. Sie erfordern in vielen Fällen ähnlich umfangreiche Arbeiten und Investitionen, wie die Neuknüpfung von EDI-Verbindungen mit neuen, externen Partnern. EDI-Verbindungen eignen sich daher besonders dort, wo eine überschaubare Anzahl von Geschäftspartnern große Transaktionsvolumina untereinander elektronisch abbilden wollen, die sich inhaltlich und formal nur relativ selten ändern lassen müssen. Sobald die Zahl der verbundenen Unternehmen ansteigt oder sich signifikante Änderungen bei den Transaktionsinhalten oder -formaten ergeben, empfiehlt sich die nähere Prüfung Web-basierter Substitute. Gerade in Zeiten der Globalisierung und dynamischer Wettbewerbsveränderungen scheint sich die EDI-Ära ihrem Ende zu nähern. Solchen Unkenrufen zum Trotz ist aber dennoch davon auszugehen, dass bewährte EDI-Verbindungen bei stabilen Partnerschaften noch auf Jahre hinaus ein erhebliches Umsatzvolumen abbilden werden, bevor sie von flexibleren, Web-basierten Technologien endgültig verdrängt werden.

3.2 Das Ende der Web-Infantilität

Simplifizierende B2X-Bezeichnungen (zum Beispiel B2E, B2B, B2C) unterstützen wirtschaftlich kurzsichtige Investitionsstrategien. Diese Nomenklatur entwickelte sich in den Anfangszeiten des E-Business zum Massenphänomen. Sie teilt IP-unterstützte Lösungen in verschiedene Welten, indem sie sich auf jeweils zwei miteinander interagierende Gruppen beschränkt. Wie unten noch nachgewiesen wird, ignoriert diese Betrachtungsweise ökonomische Gegebenheiten. Gleiches gilt demnach für Investitionen in entsprechende Lösungen. Suboptimale ROI-Ergebnisse sind daher die unvermeidliche Folge.

Ein Beispiel für den gleich in mehrfacher Hinsicht überholten Sprachgebrauch im E-Umfeld: „B2E“ bezieht sich auf die Interaktion zwischen Unternehmen und deren Mitarbeitern (B für Business und E für Employees). Schon diese Differenzierung widerspricht aber einer der fundamentalsten

Wahrheiten, die zum Beispiel der Sony-Mitbegründer Akio Morita noch bis kurz vor seinem Ausscheiden den Mitarbeitern „seines" Konzerns immer wieder enthusiastisch verkündete: „Ihr seid das Unternehmen!". Daher kann es auch bei den sogenannten B2E-Lösungen lediglich darum gehen, die Prozesse zu unterstützen, die zwischen verschiedenen Mitarbeitern eines Unternehmens ablaufen. Dass diese Mitarbeiter dabei unterschiedliche Rollen wie zum Beispiel „Angestellter" oder „Leitender Angestellter" einnehmen, ist zunächst einmal sekundär. Die Bezeichnung „E2E" wäre daher etwas treffender, konnte sich aber in der simplifizierenden Sprache der New Economy nicht durchsetzen. Zum Glück, denn auch dieser Begriff wäre inzwischen reif für den Schrottplatz der IT-Geschichte.

Heute ist man sich nämlich zumindest konzeptionell darin einig, dass IP-basierte Lösungen nicht nur die Kommunikation zwischen mehr als zwei Gruppierungen unterstützen können – wie es schon immer in der Natur des World Wide Web lag – sondern eine entsprechende Leistung auch für Interaktions- und Transaktionsprozesse zwischen den verschiedensten Nutzer-Clustern abbilden sollten. Denn seit jeher sind an unternehmerischer Wertschöpfung vielfältige Marktteilnehmer beteiligt: Lieferanten, Kunden, Mitarbeiter, Vertriebs- und andere Geschäftspartner interagieren miteinander und orientieren sich dabei an Notwendigkeiten und sich gegenseitig beeinflussenden Bedürfnissen, kurz: an mehr oder minder großen Ausschnitten eines ungeheuer komplexen Geflechtes zahlreicher Prozesse.

Der noch immer weit verbreitete Irrglaube, dass sich ausgerechnet „World-Wide-Web-Lösungen" auf bidirektionale, aber eindimensionale Prozesse zwischen lediglich zwei Gruppierungen beschränken sollen, lässt sich daher wohl vorwiegend auf zwei Ursachen zurückführen:

- Ein beschränktes Verständnis für die Potenziale des neuen Mediums und die meist nur unzureichend umgesetzte technologische Einbindung in bestehende Prozesse einerseits sowie eine anfänglich noch ungenügende Neuausrichtung prozessualer und organisatorischer Gegebenheiten auf das neue Zeitalter.

- Eine – durch den fortdauernden Sprachgebrauch des aus jenen Anfangszeiten stammenden, infantilen Vokabulars – bis heute beschränkte Denk- und Betrachtungsweise bezüglich des E-Themas.

Auch wenn die „One Net Vision“, die integrative Betrachtung und Realisierung sämtlicher Web-Lösungen, in der Praxis noch lange dem „Standard“ um gleich mehrere Entwicklungsschritte voraus sein wird, so skizziert sie doch in griffiger Form, wohin die E-Business-Evolution führen wird. Die Ergebnisse der vorliegenden Abhandlung sollten daher im Bewusstsein der künftigen, nicht aber der vergangenen Web-Realität betrachtet werden: losgelöst von tradierter „Zwei-Gruppen-Orientierung“. Dafür basierend auf der Überlegung, dass Web-Solutions ein dichtes Prozessgeflecht abdecken sollten und werden – zumindest jene Ausschnitte, wo sie schon beim heutigen Stand der Technik und der Unternehmensorganisation nachhaltigen Mehrwert bieten.

Mit dieser Betrachtungsweise wird auch deutlich erkennbar, wie einseitig und damit unvollständig zum Beispiel E-Business-Aktivitäten heute noch wahrgenommen, konzipiert und bewertet werden. Meist wird ausschließlich über die Aufwendungen und Nutzenpotenziale im E-Commerce diskutiert. Diese thematische Eingrenzung führt zu einer erheblichen Überbewertung des E-Commerce-Gedankens im Vergleich zu den viel umfassenderen Potenzialen und Wirkungen, die E-Business schon heute entfaltet. Aus definitorischer Sicht stellt E-Commerce nämlich lediglich eine relativ kleine Untermenge des E-Business-Gedankens dar. Während E-Commerce – mit meist noch überschaubarem Nutzen – vorwiegend kunden- und transaktionsbezogene Prozesse umfasst, beinhaltet E-Business, ganzheitlich betrachtet, auch IP-gestützte Geschäftsprozesse, die sich sowohl auf rein unternehmensinterne Abläufe fokussieren als auch Kunden- und Partnerverbindungen umfassen können. Gerade hier aber entwickelt E-Business bereits heute seine größte Wirkung und können signifikante Effizienzsteigerungen in großem Umfang festgestellt werden. Als Faustregel kann daher davon ausgegangen werden, dass solchermaßen vernetzte Unternehmen, die Collaborative-Business-Modelle realisiert haben, meist deutlich höhere Umsätze pro Mitarbeiter erwirtschaften als traditionell auf Autarkie ausgerichtete Wettbewerber.

Kurz: Collaborative Business tritt den Beweis an, dass die aus infantilem Sprachgebrauch resultierende „Zwei-Partner-Orientierung“ in der IP-basierten Geschäftswelt schon längst von der Realität überholt wurde.

3.3 Migration zum Prozess-Netzwerk

Warum lässt sich mit Sicherheit davon ausgehen, dass die „One Net Vision“ Realität werden wird? Was spricht dafür, dass der parallele Betrieb von – bisher voneinander unabhängigen – Unternehmensinitiativen wie zum Beispiel:

- Intranet,
- Extranet,
- Internet,
- B2E,
- B2C,
- B2B,
- Supply Chain Management,
- Document Management,
- Knowledge Management,
- IP-Telefonie,
- E-CRM,
- etc.

über kurz oder lang in zunehmendem Maße miteinander verknüpft und integriert werden wird? Nun, die Antwort ergibt sich schlichtweg aus den Gesetzen des Markts, aus einer Kosten-Nutzen-Betrachtung. Wo heute noch proprietäre Systemanbindungen aktuell sind, werden morgen standardisierte XML-Schnittstellen für eine deutlich flexiblere Systemarchitektur und -landschaft sorgen. Daraus ergeben sich höhere Entwicklungsgeschwindigkeiten bei der Integration zusätzlicher Applikationen, Systeme, Prozesse und Nutzergruppen. Die in Abbildung 2 dargestellte Kostenkurve, die mit zunehmender Anzahl der zu integrierenden Marktteilnehmer-Gruppierungen naturgemäß steil ansteigt, wird sich im Laufe der Zeit daher deutlich abflachen.

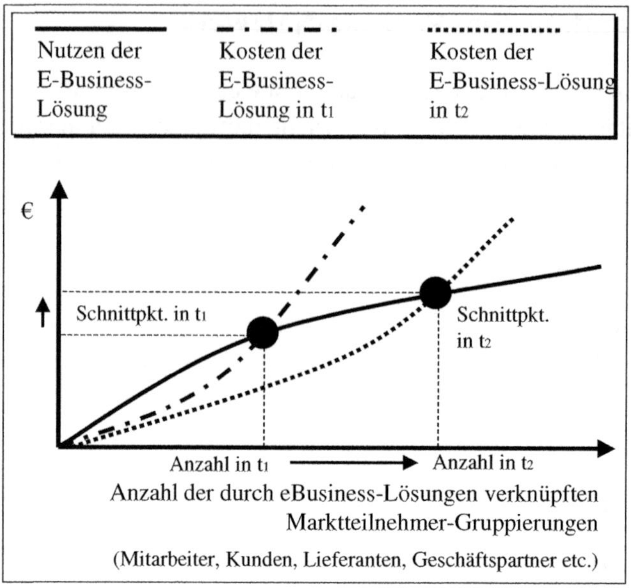

Abbildung 2. Wachsende Anzahl integrierter Marktteilnehmer-Gruppierungen

Unternehmerischen Zwängen folgend hat die Mehrzahl der Unternehmen heute erst eine überschaubare Anzahl an Marktteilnehmer-Gruppierungen beziehungsweise Geschäftsprozessen durch E-Business-Lösungen abgebildet oder unterstützt. Im Normalfall eben nur so viele, dass der zu erwartende Nutzen mindestens ebenso groß ist wie die für die entsprechende Integration notwendigen Investitionen. Idealisierenden Marktmodellen folgend bildet der Schnittpunkt der Benefit- und Kostenkurven dabei die Obergrenze der Integrationsleistung und bestimmt damit die maximale Anzahl an Marktteilnehmer-Gruppierungen beziehungsweise Prozessen, die technologisch integriert werden. Da nun – wie oben beschrieben – die Kostenkurve im Zeitverlauf stetig abflacht, wandert der Schnittpunkt zwischen beliebigen Zeitpunkten t1 und t2 stetig nach rechts oben. Dies bedeutet, dass sowohl die Integrationsinvestitionen als auch die Anzahl der zu integrierenden Marktteilnehmer-Gruppierungen permanent ansteigen. Welche dieser Dimensionen dabei den stärkeren Zuwachs erfahren wird, ist dabei zunächst einmal sekundär und vom gewählten Marktmodell abhängig. Die Zukunft wird diese Frage verlässlicher klären als jede Theorie. Schon heute aber deuten Indizien darauf hin, dass eine kritische Anzahl an integrierten Prozessen erforderlich ist, um ausreichend positive Nutzeneffekte zu erzielen. In einer Informationweek-Studie äußerten sich 80 % jener Unternehmen, die mehr als einen Partner kollaborativ integriert hatten, positiv über die erzielten Ergebnisse. Von jenen Unternehmen, die lediglich einen Geschäftspartner integriert hatten, äußerten sich nur halb so viele ähnlich positiv.

Dass die Integrationskomplexität mit steigender Zahl der zu integrierenden Gruppierungen exponentiell zunimmt, verdeutlicht Abbildung 3. Sie stellt einen willkürlich herausgegriffenen Ausschnitt aus dem Beziehungsgeflecht verschiedener Marktteilnehmer dar. Vereinfachend wurde nur ein geringer Teil der existierenden Beziehungen dargestellt – nämlich nur die Beziehungen zu den jeweils „umliegenden" Partnern. Dennoch zeigt das Beispiel, dass eine Verdopplung der integrierten Marktteilnehmer-Gruppierungen von drei auf sechs eine Verdreifachung der zu integrierenden Beziehungen nach sich zieht. Aufgrund der oben angeführten Vereinfachung sind dabei noch nicht einmal die Beziehungen zum Beispiel zwischen den „entfernteren" Gruppierungen vier und sechs berücksichtigt. Rein rechnerisch ergibt sich die Anzahl der abzubildenden Beziehungen gemäß n * (n – 1). Bei einer Verdopplung der Marktteilnehmer von drei auf sechs wächst die Anzahl der möglichen Verknüpfungen somit von sechs um den Faktor fünf auf 30, bei einer erneuten Verdopplung der Marktteilnehmer von sechs auf 12 ver-4,4-facht sich die Anzahl der abzubildenden Beziehungen auf 132 usw.

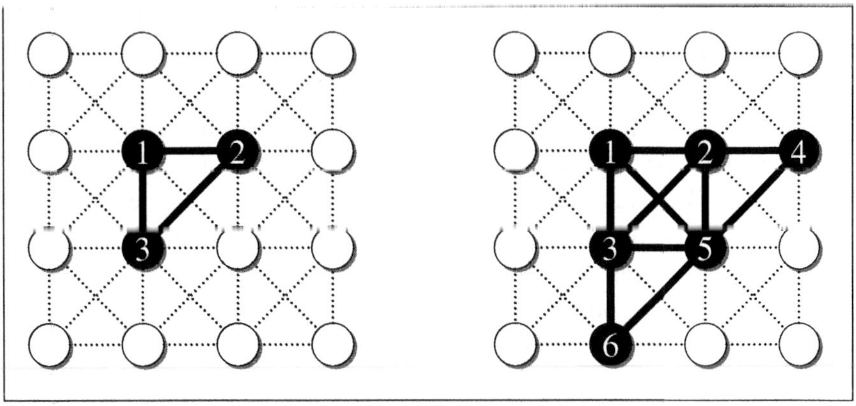

Abbildung 3. Abzubildende Beziehungen bei Netzwerkwachstum

3.4 Mehrstufiger Migrationspfad

Generell stehen am Anfang der Migration zum Collaborative Network meist Investitionen, die zur Erhöhung der unternehmensinternen Produktivität und Effizienz beitragen. Dabei entstehen zunächst Insellösungen, die klar abgegrenzte Aufgabenstellungen lösen und in einzelnen bereits bestehenden Organisationseinheiten bereits existierende Prozesse optimieren.

Nachdem sich diese Insellösungen bewährt und ihren Nutzen unter Beweis gestellt haben, entsteht meist der Wunsch, innerhalb des Unternehmens verschiedene Systeme über die Grenzen der verschiedenen Organisationseinheiten hinweg miteinander zu verknüpfen. Dabei zeigen sich oftmals erhebliche Synergieeffekte. So stiften zwei bereits vorhandene Systeme nach ihrer Integration in der Summe oft deutlich mehr Nutzen als vorher. Denn nun ist es – ohne ein zusätzlich zu installierendes System – möglich, auch unternehmensweite Geschäftsprozesse zu unterstützen. So arbeiten beispielsweise bei General Motors Entwicklungsabteilungen auf globaler Basis zusammen. Ingenieure im hessischen Rüsselsheim entwickeln auf diese Weise gemeinsam mit ihren Kollegen im brasilianischen Sao Paolo Autos speziell für den brasilianischen Markt. Weltweit sind bei GM rund 16.000 Entwickler an dieses kollaborative Entwicklungsnetz angeschlossen. Die Modellentwicklung ließ sich damit in wenigen Jahren von 36 auf nur noch 18 Monate verkürzen.

Erhebliche Sicherheitsbedenken und psychologische Barrieren zögern den nächsten Entwicklungsschritt meist länger hinaus, als es unter betriebswirtschaftlichen und technologischen Gesichtspunkten sinnvoll ist. Denn nun durchbricht die IT-gestützte Zusammenarbeit die äußere „Hülle" des Unternehmens. Kunden, Lieferanten und Handelspartner erhalten – zunächst meist stark limitierten – Zugriff auf unternehmensinterne IT-Ressourcen. Das Ausmaß der Prozessintegration kann hierbei erheblich variieren. Vom einfachen Kunden-Self-Service bis hin zum Collaborative Research & Development, Real-Time-Integration mit Partnern, Lieferanten, Absatzhelfern, Endkunden, Finanzierungs- und Versicherungspartnern sind hier unzählige Ausprägungen denk- und machbar.

Auf dieser Stufe tauschen Unternehmen beziehungsweise Marktpartner ihre Informationen über geschäftskritische Unternehmensfunktionen untereinander aus: (zum Beispiel saisonale) Nachfragevorhersagen, Produktionsplanungen, Lagerbestände, die Möglichkeiten zur Auslieferung beziehungsweise Abrechnung und andere ähnlich sensible Themen mehr. In der Praxis werden besonders häufig Bestell-Stati, Informationen zur kollaborativen Planung sowie Absatzzahlen gemeinsam genutzt. Damit wird es möglich, eigene Engpässe durch Ressourcen anderer Unternehmen auszugleichen, voneinander abhängige Prozessketten beziehungsweise -netzwerke aufeinander abzustimmen und somit Planungssicherheit und Effizienz zu steigern.

Wie bereits beschrieben nimmt mit jeder Stufe des Migrationspfades die Komplexität zu – sowohl in technischer als auch prozessualer Hinsicht. Damit steigt selbstverständlich auch das Risiko, das mit einer entsprechenden Weiterentwicklung zusammenhängt. Sowohl in quantitativer (Anzahl der Risiken) als auch in qualitativer (Ausmaß der Risiken) Hinsicht muss mit einer Risikokumulation gerechnet werden, die umfangreiche Sicherheitskonzepte erfordert. Betrifft ein Systemversagen auf Stufe 1 noch lediglich eine einzige Organisationseinheit, so kann ein äquivalentes Problem auf Stufe 2 bereits das gesamte Unternehmen gefährden, da gerade die entscheidendsten Prozesse beeinträchtigt sein können. Auf Stufe 3 können im Extremfall Auswirkungen volkswirtschaftlichen Ausmaßes eintreten – mit dramatischen Folgen für Branchen, Regionen oder im Zuge der Globalisierung sogar darüber hinaus.

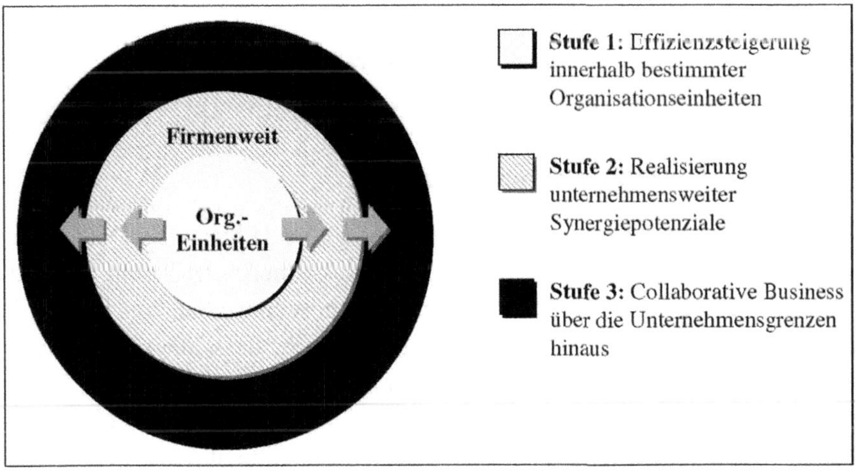

Abbildung 4. Dreistufiger Migrationspfad

Dennoch entscheiden sich auch besonders sicherheitsbewusste Organisationen zunehmend für kollaborative Ansätze. So schlossen sich im Jahre 2002 zahlreiche Marine-Verbände unter anderem aus Deutschland, Großbritannien und Kanada an ein Browser-basiertes Kollaborations-System an, mit dem die US Navy bereits seit dem Jahre 2000 gute Erfahrungen gemacht hatte.

Firmen unternehmen die ersten Schritte auf Stufe 3 (Collaborative Business mit externen Marktteilnehmern) typischerweise in Hinblick auf die Integration vertikaler Prozesse. Einzelne Lieferanten oder umfangreichere Supply Chains werden oft recht früh informationstechnologisch angeschlossen. Die Integration von Endkunden erfolgt zumeist über den Ausbau von CRM-Initiativen. Diese Investitionen in das Thema „Customer Relationship Management" können eine ideale Basis für die Intensivierung kollaborativer Entwicklungen darstellen, da sich die Steuerungsmechanismen von Abnehmern in technologischer Hinsicht nicht grundsätzlich von jenen unterscheiden, die auf horizontale Kollaborationspartner gerichtet sind.

In qualitativer Hinsicht lassen sich auch auf Stufe 3 wiederum drei unterschiedliche Entwicklungsschritte feststellen:

- transaktionsorientierte Zusammenarbeit,
- Datenaustausch,
- gemeinsame Planung und Kollaboration.

Transaktionsorientierte Zusammenarbeit:

Noch immer dominieren EDI-basierte Systeme (Electronic Data Interchange) den Bereich großvolumiger Transaktionen. Der Trend zu deutlich flexibleren IP-basierten Substituten gewinnt aber an Dynamik. Schon in wenigen Jahren ist daher zu erwarten, dass der via Browser-Technologie abgewickelte Umsatz den EDI-induzierten Umsatz übersteigen wird. Schon heute spielt XML-basierter Datenaustausch bezüglich Catalogue Presentment und Order Management eine bedeutende Rolle.

Datenaustausch / Gemeinsame Informationsnutzung:

Engere Bindungen werden durch den Austausch zum Teil betriebskritischer Informationen erreicht. Dies kann sich auf Bestell-Stati, Produktionsvolumina, Order Tracking o.Ä. erstrecken. Obwohl die Daten meist lediglich der Information des Partners dienen, nicht aber gemeinsam erbeziehungsweise bearbeitet werden, lassen sich allein durch die Informationsbereitstellung signifikante Effizienzsteigerungen in der Supply Chain realisieren, indem Angebot und Nachfrage zumindest teilweise miteinander synchronisiert werden.

Gemeinsame Planung und Kollaboration:

Kollaboration geht noch einen Schritt weiter und beschäftigt sich auch mit marktinhärenten Unsicherheiten bezüglich künftiger Entwicklungen. So ergibt beispielsweise die Zusammenführung spezifischer Erfahrungen aus Produktion und Einzelhandel neue Möglichkeiten in der Produktentwicklung und in der gemeinsamen Prognose künftiger Absatzzahlen. Handelspartner nehmen auf diese Weise direkten Einfluss auf die Steuerung der Produktionsmengen. Im Idealfall steht am Ende dieser Entwicklung die vollständige Synchronisation von Angebot und Nachfrage. In der Praxis allerdings wird dieses Ziel nur in den seltensten Fällen erreicht werden können. Aber allein schon die größtmögliche Annäherung an dieses theoretische Ideal birgt Effizienzpotenziale, die den Trend zu Collaborative Business nachhaltig treiben werden. So berichten beispielsweise der Handelskonzern Wal-Mart und der Markenartikler Sara Lee davon, durch kollaborative Nachfrageplanung insgesamt eine rund 14 prozentige Reduktion der Sara Lee produktspezifischen Wal-Mart-Lagerbestände bei gleichzeitig erzielter Absatzsteigerung um 32% erreicht zu haben.

Solche Erfolge müssen allerdings durch hohe IT-Investitionen erkauft werden. Die meisten hier einzubindenden Softwarelösungen sind teuer, kaum skalierbar und nur mit großem Aufwand unternehmensübergreifend implementierbar. Die „Massenfähigkeit" des Collaborative Business setzt daher neue Technologiearchitekturen voraus, mit denen sich Integrationen einfacher, preiswerter und schneller realisieren lassen. In diesem Zusammenhang sind vor allem Web-Services zu nennen, mit denen entsprechende Integrationsarbeiten bald eher im Zusammenhang mit Plug-And-Play-Lösungen genannt werden dürften. Kollaborierende Unternehmen sind damit in der Lage, ihre Applikationen und Prozesse über ein allgemein verfügbares Dienstenetz zu integrieren, das von überall aus zugänglich und relativ preiswert ist. Web Services sind damit wie geschaffen für kollaborative Initiativen mit dezentralem, dynamischem und divergentem Charakter. Neue Applikationsplattformen von Herstellern wie zum Beispiel IBM, BEA, Sun, Microsoft und Novell werden zu dieser Entwicklung ebenso beitragen wie XML, SOAP, UDDI und WSDL-Standards.

Als prominentes Beispiel ist in diesem Zusammenhang der Web-basierte Marktplatz Covisint zu nennen, über den DaimlerChrysler, Ford, General Motors und andere Automobilhersteller in beachtlichem Umfang Einkäufe abwickeln. Trotz aller wirtschaftlichen Schwierigkeiten wird hier inzwischen zunehmend ein gemeinsames Echtzeit-Qualitätsmanagement-Tool eingesetzt. Dies hat zur Folge, dass Automobilzulieferer in puncto Qualität einheitliche Standards adaptieren, was letztlich zu einer Anhebung der Qualität der Einzelteile und damit auch der Automobile unterschiedlichster Marken führen wird. Große Lieferanten haben diesen Schritt bereits vollzogen, kleinere werden nachfolgen. DaimlerChrysler gibt an, dass Anfang 2002 bereits 70 % der Lieferanten die oben angeführten Standards akzeptiert hätten. Ein Beleg dafür, wie schnell kollaborative Initiativen ganze Branchen verändern können.

4 Die Unternehmen

4.1 Wirtschaftlicher Zwang zum Networking

Unternehmen, die sich – über das klassische Outsourcing hinausgehend – mit kollaborativen Geschäftsmodellen auf ihre ureigensten Kernkompetenzen konzentrieren, daher weniger Anlagevermögen benötigen und die Ressourcen ihrer Partner wirksam einsetzen, haben tendenziell beste Aussichten auf wirtschaftliche Vorteile. Die Zusammenarbeit der Unternehmen muss dabei nicht per se mittels Anteilstausch abgesichert werden, oft beruht sie vielmehr auf einem intensiven Austausch von Kunden-, Produkt-, Preis- und anderen Informationen, der mit Hilfe technischer Systeme organisiert und abgewickelt wird. Zu den entscheidenden Erfolgsfaktoren zählen hierbei vor allem die Einführung und Durchsetzung einheitlicher Standards beim Informationsaustausch des virtuellen Unternehmensnetzwerkes sowie die Online-Abbildung zumindest der wesentlichsten Geschäftsprozesse. Die ökonomischen Nutzenpotenziale sind enorm.

Der Handelskonzern JCPenney beispielsweise gibt an, durch seine „Strategic Virtual Enterprise Initiative" für sich und seine Partner signifikante Geschäftserfolge erzielt zu haben. Zwei herausragende Ergebnisse für ausgewählte Partnerunternehmen:

- Haggar, ein Bekleidungshersteller, reduzierte durch die „Quick-Response-Implementierung", die unter anderem die gemeinsame Erarbeitung von Absatzprognosen sowie die gemeinsame Nutzung von Point-Of-Sale-Informationen umfasste, seine Reaktionszeit im Wiederbeschaffungszyklus um acht Tage. Gleichzeitig wurde der Absatz um 16 % erhöht und der im Laden vorzuhaltende Lagerbestand um 3 % reduziert.

- Burlington, ein anderer Hersteller von Herrenbekleidung, konnte seine Lieferzeit von 29 Wochen auf 24 reduzieren und parallel den Umsatz um 84 % erhöhen.

Warum also ist Collaborative Business nicht schon längst zum Massenphänomen geworden? Die Gründe sind vielfältig. Zu den wesentlichsten Ursachen zählen

- mangelndes Vertrauen,
- Investitionsvolumina,
- technologische Hürden.

Mangelndes Vertrauen:

Gerade die Beziehung zwischen Konsumgüter-Produzenten und Handelsunternehmen ist, historisch betrachtet, geprägt durch tiefes Misstrauen. Was der eine gewinnt, muss der andere aufgeben. Niedrige Einkaufspreise bedeuten höhere Gewinne für den Handel, aber geringere Margen für den Produzenten. Weil Collaborative Business auf Offenheit und gegenseitiger Information beruht, ist gerade in diesem Industriezweig ein kultureller Wandel erforderlich, um in die neue Welt der Zusammenarbeit aufbrechen zu können. Grundsätzlich ist dieses Problem aber in allen Branchen mehr oder minder stark ausgeprägt. Die Mitglieder-Zuwachsrate der weltweiten Automobil-Kollaborationsplattform Covisint ist davon ebenso betroffen – Lieferanten hegen oftmals ein tiefgreifendes Misstrauen gegenüber den Marktplatzgründern und -betreibern, den großen Automobilproduzenten – wie weniger umfassende Ansätze in den Bereichen Logistik, Gesundheitswesen usw.

Investitionsvolumina:

Collaborative Business erfordert neu definierte Geschäftsprozesse, organisatorische Anpassungen und nachhaltige Investitionen. Dies gilt besonders dann, wenn es um umfassende Multi-Player-Netzwerke geht. Meist sind individuelle Integrationsmaßnahmen erforderlich, und es müssen mangelnde Standards durch zusätzliche Aufwendungen im Bereich Systemintegration ersetzt und ausgeglichen werden. Dennoch können erstaunliche Erfolge bereits mit überschaubaren Mitteln erzielt werden. Dies setzt eine klare Priorisierung der einzubindenden Partner und Prozesse ebenso voraus wie die Verwendung einheitlicher Standardtechnologien, wie zum Beispiel XML.

Technologische Hürden:

In einer Informationweek-Studie identifizierten 250 IT-Verantwortliche bedeutender US-amerikanischer Unternehmen verschiedene technologische Hürden, die einer zügigen Einführung umfangreicher kollaborativer Initiativen entgegenstehen. Diese Einschätzung trifft besonders auf verstreute Legacy-Datenquellen und damit auf die komplexe Integration mit Legacy-Systemen sowie auf oftmals fehlende Datenstandards zu. Gegenwärtig macht sich auch negativ bemerkbar, dass weit verbreitete ERP-Systeme, wie zum Beispiel SAP oder Oracle, unter mikroökonomischen Maßgaben entwickelt wurden. Sie erfüllen zwar nahezu alle Anforderungen innerbetrieblicher Zusammenarbeit, über die Unternehmensgrenzen und Wertschöpfungsstufen hinweg lassen sie sich aber meist nur mit hohem zusätzlichem Aufwand verknüpfen und integrieren.

4.2 Ausgewählte Erfolgsfaktoren

Entscheidender noch als technologische Aspekte aber sind für den Erfolg kollaborativer Initiativen business- und strategiegetriebene Faktoren. Insgesamt zählen die folgenden Aspekte zu den entscheidendsten Erfolgsfaktoren:

- gemeinsame Zieledefinition,
- nachhaltige Motivanalyse,
- Beschränkung auf das Wesentliche,
- organisatorische Umgestaltung,
- Information,
- modifizierbare Schnittstellen,
- soziale Dynamik.

Gemeinsame Zieledefinition:

Verfolgen die unterschiedlichen Partner eines kollaborativen Netzwerkes sich widersprechende Zielsetzungen, so wird sich geradezu zwangsläufig ein ungleich verteiltes Maß an Zufriedenheit einstellen. Asymmetrische Nutzungspräferenzen und -intensitäten sind die unvermeidliche Folge; ein Zustand, der einen nachhaltigen Erfolg des Vorhabens nahezu unmöglich macht. Daher ist eine Synchronisation der Ziele von Anfang an Chefsache! Ausreichendes Verständnis für die ökonomischen Rahmenbedingungen und Bedürfnisse der Partnerunternehmen bilden in diesem Zusammenhang die Basis für gemeinsame Planungen.

Nachhaltige Motivanalyse:

Ähnliches gilt auch für die operative Ebene. Einmal eingeführte IT-Systeme werden nur dann nachhaltige Erfolge erzielen können, wenn ihr Nutzen nicht einseitig auf Informationsbereitsteller oder Informationsnachfrager verteilt ist. Beide Seiten müssen – auch bei sich ändernden Rahmenbedingungen und Bedürfnissen – in gleicher Weise profitieren. Um dies sicherstellen und ein sich darauf anpassendes System etablieren zu können, ist eine permanente Erfassung, Analyse und Berücksichtigung der Nutzungsmotive beider Seiten von entscheidender Bedeutung.

Beschränkung auf das Wesentliche:

Allein schon die Vielzahl potenziell zu integrierender Partner macht die Einführung von Collaborative Business zu einer komplexen Aufgabe. Um das Vorhaben nicht gänzlich unbeherrschbar werden zu lassen, ist eine rigorose Priorisierung der durch IT-Systeme abzubildenden Prozesse und Funktionalitäten von allergrößter Bedeutung. Hier sind Business-Strategen mit tiefgreifendem Branchen- und Prozessverständnis gefragt. Unzureichend gestaltete Geschäftsprozesse und „unwichtige" Funktionalitäten können durch Technologie zwar unterstützt und beschleunigt werden, einen ausreichenden ROI (Return On Investment) werden entsprechende Investitionen aber schwerlich bieten können.

Organisatorische Umgestaltung:

Durch die direkte Beeinflussung verschiedener Geschäftsprozesse stellt sich oftmals die Frage nach notwendigen Anpassungen in der Aufbauorganisation. Auch in diesem Zusammenhang sind wieder Entscheidungen strategischer Dimension zu fällen, die zunächst einmal vollkommen losgelöst von IT-spezifischen Architektur- und Detailfragen angegangen werden müssen. Technologie ist lediglich der Enabler für businessgetriebene Vorgaben.

Information:

Der Wert kollaborativer Ansätze lässt sich aus der Art der Information ableiten, die von den Teilnehmern abgerufen und verwertet werden kann. Offenheit, Vollständigkeit, Verfügbarkeit und Korrektheit sind hierbei wesentliche Erfolgsdimensionen, die ohne eine ausreichende Vertrauensbasis nicht gewährleistet werden können.

Modifizierbare Schnittstellen:

Jeder einzubindende Partner ist ein Unikum, hat unterschiedliche Präferenzen und Gewohnheiten bezüglich IT-Systemen. Und: Diese Anforderungen ändern sich permanent. In einem derart dynamischen Umfeld sollten kollaborative Systeme ein Höchstmaß an Schnittstellen-Flexibilität aufweisen und es selbst Nicht-IT-Spezialisten ermöglichen, Anpassungen und Modifikationen vorzunehmen.

Soziale Dynamik:

Zusammenarbeit, ob innerhalb eines Unternehmens oder mit externen Partnern, ist auch bei intensiver IT-Unterstützung noch immer Arbeit, die letzten Endes von Individuen geleistet werden muss. Gerade bei mangelndem persönlichen Kontakt tritt hierbei die gesamte Bandbreite menschlicher (Abwehr-) Reaktionen und Verhaltensweisen in Erscheinung, die einen gemeinsamen Erfolg ermöglichen oder auch be- oder verhindern können. Ohne entsprechende Change-Management-Maßnahmen aller beteiligten Unternehmen kann daher nahezu mit Sicherheit von einem Scheitern des Vorhabens ausgegangen werden. Owens & Minor's (OM) beispielsweise, Lieferant und Logistikunternehmen im medizinischen und chirurgischen Bereich, betreibt im Rahmen seiner kollaborativen Verknüpfung mit Kimberly-Clark (KC), einem Produzenten von medizinischen Produkten, einen beträchtlichen Aufwand im nichttechnologischen Bereich. OM-Mitarbeiter der verschiedensten Unternehmensbereiche – wie zum Beispiel Lagerhaltung, Finanzen und IT – treffen sich monatlich mit ihren KC-Gesprächspartnern. Allein schon die hierfür notwendigen Zeitressourcen führen dazu, dass sich Owens & Minor's kollaborative Partnerschaften auf lediglich zehn Lieferanten fokussiert, die aber rund 60 % des Umsatzes repräsentieren.

4.3 Abstimmungsbedarf bei der Kollaborationsanbahnung

Noch vor der ersten technologischen Umsetzung sind einige Basisschritte zu durchlaufen, die eine gemeinsame und tragfähige Planung erzeugen. Ebenso wie bei unternehmensinternen EAI-Initiativen (Enterprise Application Integration) setzt auch die komplexere Inter Enterprise Integration (IEI) detaillierte Prozessoptimierungen und -synchronisationen voraus. Anhand der einfachsten Form kollaborativer Ansätze, der Zusammenarbeit lediglich zweier Marktteilnehmer, können die notwendigen Aspekte der gemeinsamen Ziele- und Prozessdefinition am verständlichsten veranschaulicht werden. Beispielhaft wird hier von der Zusammenarbeit eines Herstellers von Do-it-yourself-Produkten und einer Handelskette ausgegangen. Grundsätzlich lassen sich diese Schritte aber auf jede Branche übertragen – wenn auch mit abweichenden Ausprägungen. Hierbei handelt es sich um die Arbeitsschritte:

- Basisvereinbarung,
- gemeinsamer Business Plan,
- detaillierte Kollaborationsplanung.

Im Folgenden werden diese Phasen anhand des o.a. Beispiels erläutert.

Arbeitsschritt 1: Basisvereinbarung

Um die notwendige Offenheit gewährleisten zu können, muss sehr früh eine beiderseitige Vertraulichkeitserklärung abgegeben werden. Gleichzeitig werden fundamentale Ziele und der Grad des Zugriffs auf die unterschiedlichen Ebenen der Informationshierarchie der Partner vereinbart. Wichtig sind auch die Entwicklung von Konflikteskalations- und -lösungsszenarien, die Zuordnung von Push- und Pull-Verpflichtungen sowie die Vereinbarung von Evaluationsdimensionen und -frequenzen.

Arbeitsschritt 2: Gemeinsamer Business-Plan

Abgestimmt werden müssen unter anderem der Umfang von Promotions- und Werbeaktivitäten, typische saisonale Produktions- beziehungsweise Absatzvolumina, geplante Produktinnovationen und die zugehörigen Innovationszyklen sowie Umfang und Frequenz von Sortimentsbereinigungen. Darüber hinaus sind die zuvor strategisch definierten Kollaborationsziele zu operationalisieren, um regelmäßige Assessments zu ermöglichen.

Arbeitsschritt 3: Detaillierte Kollaborations-Planung

Bei der gemeinsamen Entwicklung einer detaillierten Vorhersage von Produktions- und Absatzvolumina sind saisonale Schwankungen ebenso zu berücksichtigen wie die konkrete zeitliche Planung von Promotions- und Werbeaktivitäten. Der notwendige Mindest-Lagerbestand ist ebenso zu quantifizieren wie allgemeine Trendaussagen zum Absatzvolumen in den betreffenden Produktsegmenten. Die zu diesen Detailplanungen gehörigen Geschäftsprozesse zwischen den beiden Kollaborationspartnern können nur dann erfolgreich durch IT-Systeme gestützt werden, wenn gemeinsame Bewertungsmaßstäbe gefunden werden, die von dem zu entwickelnden System idealerweise automatisiert verfolgt werden. Eine Nachfrageorientierung, geteilte Systemverantwortung sowie der Echtzeit-Datenzugang sind hierbei weitere wesentliche Erfolgskriterien. Auf dieser Basis können zum Beispiel Bestellungen automatisiert ausgelöst, der Service-Level erhöht und die Reaktionszeit auf Nachfrageveränderungen vermindert werden.

4.4 Das Dogma permanenter Suboptimalität

So sicher es ist, dass immer mehr Geschäftsprozesse durch IT-Lösungen unterstützt und miteinander gekoppelt werden können, so unvermeidlich scheint es, dass diese stetige Systemoptimierung niemals zu einer wirklich optimalen Situation führen wird. Denn solange die IT-Welt ihre Entwicklungsdynamik beibehält und regelmäßig mit neuen Applikationen und Lösungen aufwarten kann, solange werden sich integrative Ansätze auf stetig neue Herausforderungen einstellen und sich dahingehend anpassen müssen. Ein solchermaßen geradezu natürliches Delta zwischen Ist-Zustand und technisch leistbarem Integrationsumfang führt also dazu, dass die Integrationsleistung stets dem technischen Entwicklungsstand „hinterherhinken" wird. Und noch ein zweiter Faktor wird dieses Delta fördern: Nicht immer ist es ökonomisch sinnvoll, technisch Machbares zu realisieren. Schließlich müssen auch in punkto Systemintegration betriebswirtschaftliche Überlegungen über die Sinnhaftigkeit von Investitionen entscheiden.

Die beiden Integrationskategorien „Front-End" und „Back-End" weisen unterschiedliche Komplexitäten auf. Das Delta, das sich zwischen diesen Kategorien und dem theoretisch möglichen Integrationsmaximum auftut, ist dementsprechend unterschiedlich groß. Je komplexer die zugehörigen Aufgaben, desto größer wird diese Differenz ausfallen. Abbildung 5 veranschaulicht in diesem Zusammenhang schematisch, warum integrative Maßnahmen bezüglich des Front-Ends daher einen nachhaltigen Vorsprung vor äquivalenten Initiativen im Back-End-Bereich wahren werden.

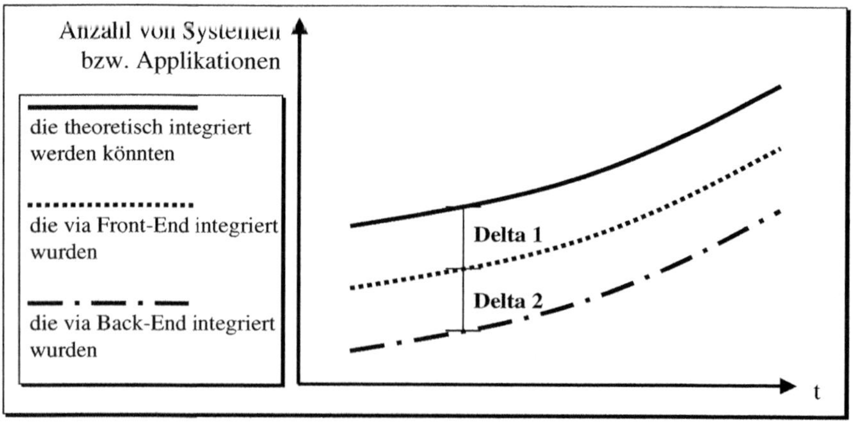

Abbildung 5. Dogma permanenter Suboptimalität

4.5 Vier Kollaborationsdimensionen des Unternehmens

Gegenwärtig gewähren in den USA mehr Unternehmen ihren Abnehmern Einblick in interne Daten, als sie dies mit Lieferanten tun. Diese beiden Integrationsrichtungen sind aber nur zwei von mehreren entscheidungsrelevanten Faktoren. Getrieben von unterschiedlichen Geschäftsanforderungen stellt sich das Thema „Integration“ als ein mehrdimensionales Aufgabenfeld dar. So sind einerseits die zu integrierenden Marktteilnehmergruppierungen zu berücksichtigen, andererseits definieren die damit zusammenhängenden, zu integrierenden Geschäftsprozesse und IT-Applikationen den Aufwand und damit die Planungen. Sollen sich die Anstrengungen eher „upstream“, also im Sinne eines Supply-Chain-Managements in Richtung der Lieferanten und Bezugsquellen orientieren? Oder ist eher eine horizontale, auf Geschäftspartner derselben Wertschöpfungsstufe ausgerichtete Integration geplant? Welche Aufgabe ist aus der Geschäftsstrategie für die Downstream-Integration der Abnehmer abzuleiten? Ist es wichtiger, externe Marktteilnehmer einzubinden, oder muss zuallererst die Effizienz ausschließlich interner Arbeitsabläufe optimiert werden? Hier gibt es beliebig viele Kombinationsvarianten. Die Auswahl der letztendlich verfolgten Kräfteallokation muss sich primär an den obersten Unternehmenszielen orientieren, erst dann sollten technologische Rahmenbedingungen ins Kalkül gezogen werden.

Denn viele IT-bezogene Entscheidungen lassen sich auf Basis einer fundierten Geschäftsstrategie quasi im Schnelldurchlauf treffen. So erfordert beispielsweise die horizontale Ausrichtung auf externe Geschäftspartner einen deutlich größeren Back-End-Integrationsaufwand als er für allein intern gerichtete Initiativen notwendig ist. Je nach Aufgabe müssen externe Partner nämlich derart intensiv eingebunden werden, dass Geschäftsprozesse selbst zwischen verschiedensten Unternehmen möglichst prozess- und medienbruchsfrei abgewickelt werden können. Bei intern orientierten Aufgabestellungen – beispielsweise im HR-Bereich – lassen sich demgegenüber oft schon mit rein Front-End-getriebenen Aktivitäten signifikante Verbesserungen erzielen. So kann zum Beispiel der über die graphische Benutzeroberfläche eines personalisierten Mitarbeiterportals ermöglichte Zugriff auf verschiedene ERM-Applikationen interne Arbeitsabläufe beschleunigen und von unnötigen Arbeitsschritten befreien, Suchzeiten minimieren und letztlich die Produktivität der Mitarbeiter steigern. Solchermaßen „intern“ orientierte Kollaborationsansätze werden in den USA bereits von deutlich über 80 % aller Unternehmen als kritischer Erfolgsfaktor des Unternehmens angesehen.

Kurz: Auch die getrennte Priorisierung von Front- und Back-End-Integration ist meist betriebswirtschaftlich nötig und fügt dem oben angeführten Aufgabenfeld eine weitere Entscheidungsdimension hinzu. Steht der kollaborative Ansatz nicht im Fokus, so ist oft schon die Möglichkeit zum einfachen Austausch von Datensätzen ausreichend. Kommt der Kollaboration hingegen strategische Bedeutung zu, so ist meist ein über die Nutzung gemeinsamer operativer Daten und Applikationen hinausgehender, durchgängiger Informationsfluss zu gewährleisten, der nicht durch System- oder Medienbrüche beeinträchtigt wird. In diesem Falle müssen Geschäftsprozesse miteinander gekoppelt, gegebenenfalls neu definiert und durch entsprechende IT-Systeme unterstützt werden.

In den vergangenen Jahren haben Unternehmen intensiv in Lösungen investiert, die sie jetzt in die Lage versetzen, Collaborative Business als nächsten Entwicklungsschritt in der Geschäfts- und IT-Evolution anzugehen. Folgende Themengebiete nehmen hierbei eine zentrale Rolle ein und ermöglichen durch ihre inzwischen weit verbreitete Implementierung den kollaborativen Ansatz:

- Supply-Chain-Lösungen,
- Customer-Relationship-Lösungen,
- Enterprise Application Integration,
- E-Business-Lösungen (weit über E-Commerce hinausgehend).

Allein schon die unternehmensinterne Kopplung entsprechender Lösungen erhöht die Schlagkraft eines Unternehmens enorm – vorausgesetzt, die IT orientiert sich stets an sauber definierten Geschäftsprozessen.

5 Die Konsumenten

5.1 Downstream Collaboration

Um die Schnittstellen zum Endkunden optimiert gestalten und betreuen zu können, sind detaillierte Analysen und Kundenkenntnisse erforderlich. Nur auf einer solchen Basis lassen sich Investitionen zielgerichtet allokieren. Fragen nach dem zu erwartenden „Kunden-Lebenswert“, dem Umsatzanteil der wichtigsten Kundensegmente sowie deren Verhalten hinsichtlich gekaufter Waren und genutzter Kanäle, bilden hierbei wesentliche Entscheidungsgrundlagen. In vielen Fällen sind in diesem Zusammenhang auch IT-Investitionen von Bedeutung, mit denen die Kundeninteraktion und gegebenenfalls auch -kollaboration unterstützt werden kann.

Aus unzähligen Gesprächen mit Unternehmen in den USA und Europa lässt sich eines eindeutig ableiten: In der gegenwärtigen wirtschaftlich abgekühlten Phase tendieren IT-Leiter gerade großer Unternehmen dazu, ihre Budgets verstärkt in eine Verbesserung der Kundeninteraktions-Prozesse zu investieren. Auch unabhängige Untersuchungen bestätigen dieses Bild. Informationweek Research veröffentlichte 2002 eine Erhebung, wonach die Verbesserung des Customer Service auf der Zielehierarchie amerikanischer IT-Leiter an oberster Stelle steht.

Für Unternehmen mit erklärungsbedürftigen Produkten und Angeboten ist dies besonders relevant. Wollen Konsumenten nämlich ein komplexes Produkt kaufen, sind sie während der drei Schritte des Sales-Prozesses „Pre-Sales“ (Informationssuche), „Sales“ (tatsächlicher Kauf) und „After-Sales“ (zum Beispiel Kundenservice) auf eine deutlich intensivere Beratung beziehungsweise Informationssammlung und -analyse angewiesen als dies bei einfachen Alltagsprodukten der Fall ist. Über eine Haarbürste wird sich der Kunde im Normalfall weit weniger intensiv informieren als beispielsweise beim Kauf eines neuen Mittelklassefahrzeugs. Für Dienstleistungen, zum Beispiel im Reisesektor, gilt Äquivalentes. Auf Basis von ca. 1 Mio. internationaler Interviews stellt IPK International im Internet Travel Monitor fest, dass die Online-Buchungsrate bei relativ simplen Angeboten, wie zum Beispiel Flugtickets oder Hotelbuchungen, deutlich höher ist als bei langen Reisen, die verschiedenste Kombinationsmöglichkeiten solcher Angebote beinhalten können. Bei der Planung langer Reisen wiederum nutzen Kunden das Internet besonders intensiv zur Recherche und Informationssuche.

Dementsprechend kommt den Schnittstellen zum Kunden je nach Angebotskomplexität eine andere Bedeutung zu. Bei erklärungsbedürftigen Angeboten müssen sie besonders in den Bereichen Beratung und Information deutliche Stärken beweisen, während sie sich bei eher simpel gearteten Angeboten auf eine einfache und reibungslose Transaktionsabwicklung fokussieren sollten.

Darüber hinaus erfordern Produkte oder Dienstleistungen, die eine Vielzahl individuell wählbarer Merkmale und Varianten aufweisen und vom Anbieter somit auf den jeweiligen Kunden zugeschnitten, seiner Persönlichkeit angepasst werden müssen, dass der Kunde den Anbieter mit Informationen versorgt. So sind bei einem Fahrzeug mit umfangreicher Sonderausstattung ungeheuer viele Varianten denkbar. Bei solchen Automodellen muss daher jeder Wagen für seinen künftigen Besitzer quasi individuell gefertigt werden. Der Kunde hat somit die Möglichkeit, zu jedem der angebotenen Ausstattungsmerkmale eine individuelle Entscheidung zu treffen. Damit ist die Massenindividualisierung im Automobilbereich ein geradezu idealtypisches Beispiel dafür, wie Endkunde und Anbieter von einem beiderseitigen Informationsfluss und damit von einer regelrechten Zusammenarbeit profitieren. Hinsichtlich der Downstream-Dimension der kollaborativen Integration gilt der Verkauf von individualisierbaren Fahrzeugen – meistens der Mittel- und Luxusklasse – daher als ein Wirtschaftszweig mit besonders großem Entwicklungspotenzial in Richtung Kunden-Kollaboration – über die verschiedensten Schnittstellenkategorien und Interaktionskanäle hinweg.

Unterscheiden Anbieter zusätzlich noch ihre Kundensegmente hinsichtlich derer Betreuungsbedürfnisse, so ergeben sich wertvolle Hinweise auf den anzustrebenden Kanalmix. Kundensegmente, die eher als unselbstständig und betreuungsintensiv einzustufen sind, können nur schwerlich zu einem befriedigenden Prozentsatz auf kosteneffiziente Self-Service-Kanäle umgeleitet werden. Selbst preisliche Angebotsdifferenzierungen und -incentivierungen entfalten bei der Kanalsteuerung in solchen Kunden-Clustern nur beschränkte Wirkung. Anders jedoch bei Kundensegmenten, die eher als selbstständig bezeichnet werden können. Hier ist der Bedarf an persönlicher Betreuung deutlich geringer ausgeprägt. Somit ist es leichter möglich, einen signifikanten Anteil der Interaktionsprozesse zwischen Kunde und Anbieter auf kosteneffiziente Self-Service-Kanäle umzuleiten. Abbildung 6 fasst die zugehörigen Kanalmix-Optionen beziehungsweise -erfolgswahrscheinlichkeiten in schematischer Weise zusammen. Dabei wird deutlich, dass sich Standard-Transaktionsprozesse im Banken-Bereich deutlich besser für Web-basierten Self Service eignen, als zum Beispiel Vertragsdatenänderungen im Versicherungsbereich. Dennoch können – abhängig vom adressierten Kundensegment – selbst in diesem Bereich signifikante Geschäftserfolge erzielt werden. Die im Oktober 2000 gestartete HUK24 beispielsweise bewirkte durch preispolitische Maßnahmen (5 – 20 % Beitragsvorteil gegenüber der Offline-Variante), dass sie den in ihrem Business-Plan erst für Dezember 2001 vorgesehenen Bestand von 20.000 Versicherungsverträgen bereits im Juni 2001 erreicht hatte. Beratung in Vertragsangelegenheiten wird von der HUK24 zu dieser Angebotsvariante ausschließlich online angeboten. Die Prozesskosteneinsparungen sind entsprechend positiv. Damit bestätigt sich, wie effizient der Web-Kanal – in Verbindung mit klassischen Produkt- und Preisdifferenzierungsstrategien – zu einer gezielten Kundensegmentsansprache beitragen kann, selbst bei komplexen Angeboten wie zum Beispiel Versicherungsverträgen.

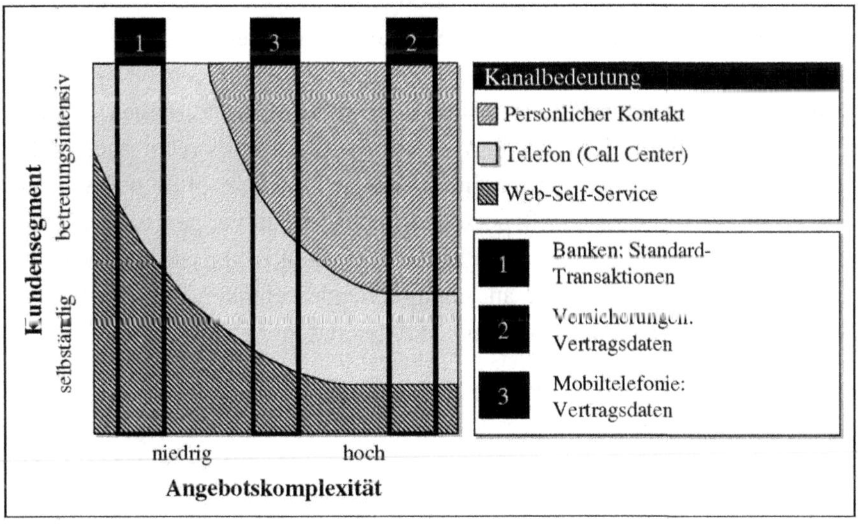

Abbildung 6. Effizienter Kanalmix

Von Februar bis Mai 2002 befragte der Autor insgesamt 510 Konsumenten über 18 Jahren nach ihren Nutzungsgewohnheiten hinsichtlich Online-Self-Service-Angeboten. Bei der Auswahl der Auskunftspersonen spielte es keine Rolle, ob es sich um Internet-Nutzer handelte oder nicht.

Die Ergebnisse bestätigen die oben angeführten Thesen. Die Möglichkeit, Standard-Transaktionen im Banken-Bereich online durchzuführen, wird von den Konsumenten als weitaus wichtiger bewertet als zum Beispiel Web-basiertes Vertragsdatenmanagement in den Bereichen „Mobiltelefonie" oder „Versicherungen". Dementsprechend verteilen sich auch die Nutzungshäufigkeiten und – noch entscheidender – die Zufriedenheitswerte hinsichtlich solcher Self-Service-Angebote. Von jenen Konsumenten, die in den vergangenen 12 Monaten Web-basierte Self-Service-Angebote von Versicherungen im Bereich des Vertragsdatenmanagements genutzt haben, sind 43 % mit der ihnen dabei gebotenen Leistung eher zufrieden oder zufrieden. Dies übersteigt die Anzahl der (eher) unzufriedenen (23 %) deutlich. Das Thema „Mobiltelefonie" schneidet diesbezüglich mit 43 % (eher) zufriedener User ähnlich ab. Bei Standardtransaktionen im Bankenbereich sind demgegenüber 64 % der tatsächlichen Nutzer mit dem ihnen Gebotenen zufrieden oder zumindest eher zufrieden.

Wie nicht anders zu erwarten werden Standardtransaktionen im Bankenbereich deutlich häufiger im Internet durchgeführt als etwa Adress- oder Vertragsdatenänderungen bezüglich Versicherungen oder Handy-Verträgen. Über 77 % der befragten Konsumenten gaben an, entsprechende Funktionalitäten auf Versicherungs-Websites noch nie genutzt zu haben. Im Bereich Mobiltelefonie liegt dieser Wert mit 61 % ebenfalls recht hoch, während es bei Bankkunden offensichtlich weitaus weniger „Internet-Muffel" gibt. Über 56 % der Auskunftspersonen haben in den vergangenen 12 Monaten mindestens ein Mal im Internet eine Bankentransaktion durchgeführt. Und 30 % gaben sogar an, entsprechenden Banken-Self-Service innerhalb dieser Zeitspanne über zehn Mal genutzt zu haben.

Im Sinne der Downstream-Kollaboration spricht dieses Indiz dafür, dass die Bankenwelt am besten auf die Zukunft vorbereitet ist. Doch Zusammenarbeit ist stets als bidirektionaler Prozess zu verstehen, bei dem beide Seiten geben und nehmen. Nachdem private Endkunden offensichtlich bereit sind, ihre Bankgeschäfte auf für die Kreditinstitute kosteneffiziente Kanäle zu verlagern und selbst durchzuführen, stellt sich also die Frage nach dem Entgegenkommen der Bankenwelt. Wie sehr gehen Banken auf die Bedürfnisse Ihrer Kunden ein? Ist auch auf Anbieterseite eine Bereitschaft zur „massenhaften“, aber dennoch individuellen Partnerschaft vorhanden?

5.2 Offenheit zur Downstream-Kollaboration – Praxisbeispiel „Banken“

Im April und Mai 2002 ging der Autor dieser Frage mit einer weiteren Untersuchung auf den Grund. Im Kern befasste sich diese Studie damit, in wie weit Kreditinstitute bereit sind, auf jeden einzelnen Kunden einzugehen. Das Ergebnis fiel ernüchternd aus. Denn die Profitabilitätspotenziale der meisten Kundenbeziehungen werden mehr schlecht als recht ausgenutzt. Cross- und Upselling-Aktivitäten sind mangels Kundensegmentierung und individueller Kundenanalyse und Bedarfsprognose über den konzeptionellen Status oft noch nicht hinausgekommen. Pro-aktive Angebote passender Kapitalanlageformen werden meist schon deshalb nicht an den Kunden herangetragen, weil sich zum Beispiel der Mitarbeiter am Schalter nur durch mühsames Zusammensuchen relevanter Kundendaten ein hinreichend genaues Bild von der finanziellen Situation des Bankbesuchers machen könnte. Eine solche Analyse bildet aber die notwendige Voraussetzung für individuelle Beratung und Angebote.

Hat der Kunde nicht von sich aus und mit entsprechendem Vorlauf einen Beratungstermin vereinbart, fehlt dem Bankmitarbeiter beim Standard-Besuch eines Kunden für entsprechende Analyse-Arbeiten die Zeit gänzlich. Dann geht es nur noch um die möglichst rasche Abarbeitung der vom Kunden vorgebrachten Wünsche. Pro-aktive Beratung, verbunden mit bedarfsgerechten Angeboten zum Beispiel auf dem Gebiet der Kapitalanlage, findet dann nicht statt – sehr zum Schaden von Kunden und Bank!

Banken sind somit überaus schlecht auf echte, bidirektionale Downstream-Kollaboration vorbereitet.

Da sich Bankkunden am Schalter auch für die Abwicklung ihrer Standardgeschäfte auf die eine oder andere Weise identifizieren müssen, können IT-Lösungen hier Abhilfe schaffen. Basierend auf automatisch ablaufenden Analyse- und Prognose-Algorythmen können sie dem Schaltermitarbeiter fundierte Empfehlungen auf dem Bildschirm bereitstellen – ergänzt um die notwendige Argumentationshilfe. Analytische CRM-Applikationen ermitteln somit für jeden Kunden individuelle Handlungsempfehlungen. Damit bieten sie die Grundlage dafür, dass auf aktuelle Trends im Kundenverhalten die richtigen Antworten gefunden werden:

- Kunden werden immer anspruchsvoller – ein Ausdruck gestiegenen Wohlstands.
- Kunden wünschen sich echte Beziehungen – auch mit ihrer Bank, denn sie wollen verstanden werden. Emotionen spielen hierbei ebenso eine Rolle wie objektiv bewertbare Angebotskriterien.
- Kunden lassen sich kaum noch Segmenten zuordnen – hybrides Kundenverhalten und fraktale Marken drücken aus, dass soziodemographische Merkmale zur Einschätzung und Prognose von Kundenverhalten schon längst nicht mehr ausreichen. Individuelle Eigenschaften und situativer Kontext sind oftmals viel entscheidender.

Dies schließt ein, dass die richtige Botschaft für den richtigen Kunden ermittelt und über die passenden Interaktionskanäle kommuniziert werden muss. Denn gerade die profitabelsten Kunden benutzen heute mehrere Kanäle parallel. So sind Multi-Channel-Kunden oft 20 – 30 % profitabler als jene Kunden, die ausschließlich den persönlichen Kontakt mit ihrer Bank pflegen. Ursachen hierfür liegen vor allem in den niedrigeren Betreuungskosten (teil-) automatisierbarer Interaktionskanäle, den überdurchschnittlichen Cross-Selling-Erfolgen die sich durch umfangreichere Möglichkeiten zur Kundendatensammlung ergeben, sowie in der intensiveren Kundenbindung und der damit größeren Loyalität der Multi-Channel-Kunden.

In der jüngsten Vergangenheit haben sich die Analysemethoden deutlich verfeinert, mit denen aus Interaktionsdaten Prognosen und Handlungsempfehlungen erstellt werden. Früher war es Usus, bereits vorhandene Kundendaten zu sammeln, zu analysieren und daraus eine statische Zuordnung zu vordefinierten Kundensegmenten abzuleiten. Heute erlaubt und erfordert die Vielfalt der – zum Teil elektronischen – Interaktionskanäle, dynamische, situationssensitive Segmentierungen vorzunehmen. Dabei werden

Kundenprofile bei jeder einzelnen Kundeninteraktion und -transaktion neuerlich aktualisiert und angepasst. Anbieter von Kreditkarten nehmen hierbei eine Vorreiterrolle ein. Kein Wunder, denn sie verfügen über besonders detaillierte Kenntnisse über das Verhalten ihre Kunden. Im Ausland bieten einige Unternehmen, wie zum Beispiel Capital One und Providian, ihren Kunden entsprechend individuelle Karten-Konditionen an. Für die Ermittlung der passendsten Angebote stützen sie sich dabei auf Analysen des Kreditrisikos und der individuellen Kundenhistorie. Banken bieten sich ähnliche Chancen zur pro-aktiven Offerte passgenauer Finanzprodukte, da auch sie über eine Fülle von Kundeninformationen verfügen. Nur bei der Zusammenführung, Analyse und vor allem der Umsetzung in Outbound-Aktivitäten hapert es meist noch immer.

Zahllose Kundenkontakte werden lediglich für reaktives Handeln genutzt bei dem es nur darum geht, vom Kunden geäußerten Wünschen gerecht zu werden. Wie beim o.a. Beispiel des Schalterbesuches verstreichen viel zu viele Chancen für pro-aktives Cross- und Upselling ungenutzt: im Gespräch am Schalter, bei der Nutzung des Kontoauszug-Druckers oder des Geldausgabeautomaten, beim Service-Anruf im Call Center, oder auch bei der Initiierung von Online-Überweisungen. Je passgenauer das jeweils individuell erstellte Angebot ausfällt, desto höher ist die Wahrscheinlichkeit, dass es vom Kunden angenommen wird.

Neben den gesteigerten Cross- und Upselling-Chancen erzeugen dynamische Kundenprofilaktualisierungen einen zweiten, mindestens ebenso bedeutsamen Effekt: Sie erlauben es, in den Filialen durch gesteigerte Produktivität signifikante Personaleinsparungen vorzunehmen. Denn wo sich Bankangestellte heute noch zeitaufwendig auf – vom Kunden anberaumte – Beratungsgespräche vorbereiten, passende Produkte suchen und sich in die entsprechenden Produktbesonderheiten einlesen, können IT-Systeme auf Basis aktueller Profildaten automatisch ideale Portfolio-Ergänzungen vorschlagen, begründen und erläutern. Der Bankangestellte benötigt somit deutlich weniger Vorbereitungszeit – bei gleichzeitig erhöhter Beratungsqualität.

Auf dem Weg in eine entsprechend effiziente Beratungszukunft stehen den Banken meist noch zwei Hinderniskategorien im Wege: technologische und organisatorische Limitationen. Während sich der erstgenannte Problemkreis relativ schnell eingrenzen und beheben lässt, erfordern Probleme organisatorischer Natur eine veränderte Unternehmenskultur. Denn solange sich verschiedene Vertriebs- und Servicekanäle, wie zum Beispiel Online und Filiale, um die Kundenhoheit streiten, lässt sich eine ganzheitliche Kundenanalyse und -betreuung nur schwerlich realisieren. Individuelle Angebote bleiben dann die Ausnahme. Unpersönliche Standard-Angebote mit – auf den einzelnen Kundenkontakt bezogen – niedrigerer Verkaufswahrscheinlichkeit repräsentieren den Normalfall.

Eine individuelle Beratung jedoch legt das Fundament für zufriedene Kunden, wobei erst ab einem hinreichenden Zufriedenheitsniveau davon ausgegangen werden kann, dass sich ein Kunde zu einem langjährig loyalen Kunden entwickelt. Kundenloyalität wiederum repräsentiert einen der wesentlichsten Einflussfaktoren auf die langfristige Profitabilität einzelner Kundenbeziehungen.

Um zu ermitteln, wie weit – oder wie wenig weit – deutsche Banken hinsichtlich der o.a. Aspekte bereits vorangekommen sind, befragte der Autor im April und Mai 2002 insgesamt 255 Konsumenten mit überdurchschnittlichem Einkommen. Das durchschnittliche Bruttojahreseinkommen der Auskunftspersonen lag bei € 48.500, das Durchschnittsalter bei 36 Jahren.

Von den Befragungsteilnehmern gaben 78 % an, in den vergangenen 24 Monaten von ihrer Bank oder Sparkasse ein Angebot zur Finanzanlage (Aktienfonds, festverzinsliche Wertpapiere, Sparbücher, etc.) erhalten zu haben. Dies belegt, welches Engagement die Branche bei entsprechenden Verkaufsversuchen an den Tag legt. Unter quantitativen Gesichtpunkten kann die Marktdurchdringung mit solchen Angeboten also durchaus als erfolgreich bezeichnet werden. Doch wie effizient wird die hierfür notwendige Arbeitszeit eingesetzt? Wie sehr wird den individuellen Kundenbedürfnissen Rechnung getragen? Kann von echter Kollaborationsbereitschaft der Banken gesprochen werden?

Bei der Auswertung der Befragung fällt zunächst einmal auf, dass mit 74 % die meisten der von Angeboten erreichten Auskunftspersonen angeben, dass das zuletzt erhaltene Angebot nicht auf ihre individuellen Bedürfnisse zugeschnitten war. Es berücksichtigte somit nicht, ob der Adressat über freie finanzielle Mittel verfügte oder ob er bereits stark durch Kredite o.ä. belastet war. Kurz: Banken und Sparkassen fokussieren ihre

Verkaufsanstrengungen auf Standard-Angebote. Nur 20 % der Befragungsteilnehmer geben an, zuletzt ein individuell erstelltes Angebot zur Finanzanlage erhalten zu haben.

Die Vermutung, dass zumindest jene Kunden individuell betreut werden, die bei Ihrem Kreditinstitut pro-aktiv um die Ausfertigung eines Angebotes bitten, erwies sich im Rahmen der Studie als Trugschluss. Denn lediglich die Hälfte der Bankkunden, die solchermaßen von sich aus aktiv werden, können auf individuell auf sie zugeschnittene Angebote hoffen. Der Rest wird mit der selben „Massenware“ abgespeist, wie die Empfänger der Direktmarketingaktivitäten, mit denen Kreditinstitute ihre Angebote im Markt platzieren und die recht hohe Zielgruppendurchdringung erreichen.

Dies hat fatale Folgen für den geschäftlichen Erfolg der Kreditinstitute. Denn die Unterschiede bezüglich der Kundenakzeptanz hinsichtlich der beiden untersuchten Angebotskategorien „Standard“ und „Individuell“ sind alarmierend groß. Von jenen Befragungsteilnehmern, die zuletzt ein individuelles Angebot erhalten haben, geben 76 % an, dieses Angebot angenommen zu haben. Bei Standardangeboten beläuft sich diese Erfolgsgröße auf lediglich acht Prozent.

Geht man auch nur von wenigen Minuten Arbeitszeit aus, die für die Erstellung eines Angebotes notwendig sind, summieren sich die Arbeitszeitvolumina, die durch mangelnde Angebotsindividualisierung in geradezu aussichtslose Vorhaben investiert werden, in einem Ausmaß, das nach korrigierenden Maßnahmen verlangt.

Wie wenig deutsche Banken tatsächlich auf die finanzielle Situation ihrer Kunden eingehen, offenbart eine einkommensspezifische Auswertung der Befragungsergebnisse. Nicht einmal jene Kunden mit dem höchsten Einkommen werden signifikant individueller betreut, als untere Einkommensklassen. Denn von den Top-Verdienern die ein Angebot erhielten (Bruttojahreseinkommen über € 70.000, 24 % der Befragungsteilnehmer) geben volle 77 % Prozent an, lediglich Standardangebote bekommen zu haben. Nur 23 % dieser besonders lukrativen Teilzielgruppe wurden mit individuellen Angeboten bedient. Diese Werte sind ähnlich schlecht wie bei jenen Angebotsadressaten mit einem Bruttojahreseinkommen von unter 70.000 Euro. Denn hier erhielten 71 % der Kunden lediglich Standardangebote.

Andere Branchen und Unternehmen sind im Bereich segmentspezifischer Kundenbetreuung bereits deutlich weiter. Lufthansa beispielsweise bietet Vielfliegern im Rahmen des Kundenbindungsprogramms „Miles & More“ einen erweiterten Service. Gestaffelt in unterschiedliche Vielfliegerkategorien erhalten Kunden in Abhängigkeit ihres Umsatzvolumens Zugang zu unterschiedlich umfangreichen Zusatzleistungen. Damit wird dem Umstand Rechnung getragen, dass die vier umsatzstärksten Prozent der Passagiere für rund 51 % des Umsatzes sorgen, der mit der Gesamtheit aller „Miles & More“ Karteninhaber erwirtschaftet wird. Auch Banken könnten mit ähnlichen Kundensegmentierungen und darauf aufbauenden Individualisierungsinitiativen die Loyalität und Investitionsbereitschaft ihrer profitabelsten Kunden deutlich steigern. Während Downstream-Kollaboration bei Standardkunden vor allem eine Reduktion der Prozesskosten verspricht, bietet sie besonders bei Premiumkunden die Chance, Cross- und Upselling zu betreiben, die Loyalität und damit die langjährige Profitabilität eines Kunden zu steigern.

Die Untersuchung bescheinigt der deutschen Bankenlandschaft akuten Handlungsbedarf hinsichtlich des Ausbaus CRM-unterstützter Kundenbetreuung. Um die kurz- und langfristigen Optimierungseffekte realisieren zu können, müssen vielerorts Erweiterungen der dynamischen, analytischen CRM-Fähigkeiten vorgenommen werden. Hierbei ist darauf zu achten, dass die relevanten Kontaktdaten aller Interaktionskanäle in aussagekräftige Kundeninformationen und -segmentierungen überführt werden. Letztlich können solche Informationen aber nur dann ergebniswirksam genutzt werden, wenn entsprechende Analyseergebnisse allen Interaktionskanälen zur Verfügung stehen. Mit einem solchermaßen umfassenden CRM-Konzept lassen sich zielgruppenspezifische Betreuungs- und Individualisierungsmaßnahmen durchführen.

Kurz: Angebote zur Kapitalanlage, die auf der individuellen finanziellen Situation eines Kunden basieren, sind durch eine deutlich höhere Abschlusswahrscheinlichkeit gekennzeichnet als „Massenware“. Banken sollten daher zumindest Teile ihrer zugehörigen Marketing- und Personalinvestitionen entsprechend umlenken: weg von großteils erfolgloser „Massenware“, hin zur Massenindividualisierung von Anlageangeboten – zu jedem Zeitpunkt, über jeden Kanal, für jeden Kunden.

5.3 Der Multi-Channel-Kunde

Obwohl Kunden heute noch recht zurückhaltend agieren, wenn es um die Nutzung Internet-basierter Self-Service-Angebote geht, wird die Bedeutung der Downstream-Kollaboration in Zukunft deutlich ansteigen. Denn die Akzeptanz unterschiedlicher Interaktionskanäle in der gesamten Breite der Bevölkerung korreliert positiv mit der Nutzungsbereitschaft bezüglich entsprechender Self-Service-Angebote beispielsweise im Internet. Ein näherer Blick auf die Kanalnutzung lohnt sich also auch und vor allem in Hinblick auf die Effizienzpotenziale, die sich mit Hilfe der Downstream-Kollaboration realisieren lassen.

Seit über zehn Jahren hat sich die Zahl der Kommunikationskanäle, über die Kunden mit Unternehmen kommunizieren, stetig vergrößert. Call Centers, E-Mail, Websites und mobile Endgeräte ergänzen und ersetzen in zunehmendem Maße den persönlichen Kontakt in der Filiale sowie Brief- und Fax-Korrespondenz. Inzwischen ist es allgemein üblich, dass verschiedene Kanäle Kundendaten dupliziert erfassen, speichern und auswerten. Diese Vorgehensweise hat zwar dazu geführt, dass einzelne Kanäle schneller zum Kommunikationsmix hinzugefügt werden konnten, die Auswirkungen auf das Kundenmanagement sind allerdings fatal. Denn solche organisatorischen und technischen Hürden führen oft zu einem ineffizienten Interaktionsprozess. Kunden erhalten über verschiedene Kanäle unterschiedliche Informationen und Unternehmen können die verteilt gespeicherten Kundendaten nur selten in ausreichendem Maße auswerten und in zielgenaue, auf der Gesamtheit der verfügbaren Information aufbauende (Marketing-) Maßnahmen überführen. Der Kunde wird somit nicht in seiner Gesamtheit wahrgenommen und nicht entsprechend umfassend bedienen.

Dieser Zustand trifft auf eine Zeit, in der Kunden so anspruchsvoll sind wie nie zuvor. Unzufriedene Kunden, suboptimale Pro-Kopf-Umsätze sowie Kundenabwanderung sind die Folge. Denn der Kunde von heute ist daran gewöhnt, verschiedenste Interaktionskanäle situationsabhängig und auf Basis vieler weiterer, individueller Variablen zu wählen und zu nutzen. Es ist daher nicht mehr möglich, bestimmte Geschäftsvorfälle singulären Kanälen zuzuordnen. Der Kunde handelt seine Aktien in der Halbzeitpause eines Fußballspiels via Handy, am Feierabend via Internet oder in der Mittagspause ausnahmsweise auch mal vor Ort in der Bankfiliale. Katastrophal, wenn einer dieser Kanäle weniger gut informiert oder sicher ist als ein anderer. Kurz: Der Zwang, Kundendaten über sämtliche Interaktionskanäle hinweg zu konsolidieren, ist offensichtlich. Eine weitere erfolgskritische Dimension erhält die Multi-Channel-Problematik unter Berücksichtigung der kanalspezifisch unterschiedlich hohen Transaktionskosten. So liegen die Kosten im traditionellen Banking via Filiale beziehungsweise Schalterangestellten um etwa den Faktor 100 über jenen Kosten, die ein Kunde derselben Bank mit derselben Transaktion verursacht, wenn er sie via Internetbanking abwickelt. Eine betriebswirtschaftliche Priorisierung könnte in diesem Beispiel also in der Empfehlung münden, den Filialbetrieb zugunsten des Internetbankings einzustellen oder zumindest drastisch zu reduzieren. Entsprechende Tendenzen lassen sich bei einigen Banken tatsächlich bereits feststellen. Andererseits könnte eine ebenso oberflächliche Gewinnanalyse den Schluss nahe legen, dass viele Handelsunternehmen ihre Online-Aktivitäten in Ermangelung ausreichend hoher Umsätze einstellen sollten. Denn nur wenige Handelsunternehmen erwirtschaften mit ihren Online-Verkäufen schon heute die Kosten, die der Online-Kanal verursacht. Derart monokausal strukturierte Analysen führen offensichtlich zu widersprüchlichen und nur selten zu tragfähigen Entscheidungen. Es empfiehlt sich also, den Kaufprozess und das Zusammenspiel der verschiedenen Kommunikations- und Interaktionskanäle genauer zu analysieren. Die Betrachtung des Kaufprozesses und seiner drei Hauptschritte:

- Pre-Sales: Informationssammlung und Beratung vor dem Kauf,
- Sales: eigentlicher Kauf beziehungsweise Vertragsabschluss,
- After-Sales: Kunden-Service nach dem eigentlichen Kauf,

offenbart, dass sich verschiedene Kanäle für unterschiedliche Prozessschritte in jeweils individueller Ausprägung eignen beziehungsweise vom Kunden unterschiedlich präferiert und genutzt werden. Investitions- und Deinvestitionsentscheidungen bezüglich der Koppelung oder Gewichtung einzelner Interaktionskanäle dürfen daher nicht nur den eigentlichen Kaufvorgang beziehungsweise die tatsächliche Transaktion fokussieren, sie müssen vielmehr das Zusammenspiel dieser Kanäle über den gesamten Kaufprozess hinweg berücksichtigen. Der Autor führte bereits im Sommer 2001 eine Untersuchung durch, bei der 560 Konsumenten über 18 Jahren nach ihren diesbezüglichen Gewohnheiten befragt wurden, um den Nutzungsgrad einzelner Interaktionskanäle in bestimmten Prozessschritten zu ermitteln. Gleichzeitig wurden signifikante Ähnlichkeiten und Unterschiede zwischen verschiedenen Branchen identifiziert. Die Studie untersuchte das Kaufverhalten bezüglich folgender Branchen beziehungsweise Themen :

- Handel: Konsumgüter,
- Banken: Kontoeröffnung oder Aktienkauf,
- Telekommunikation: Handyvertrag,
- Versicherungen: Versicherungsvertrag,
- Energieversorgung: Versorgungsvertrag bezüglich Strom oder Gas.

Bei der Auswahl der Auskunftspersonen spielte es keine Rolle, ob es sich um Internet-Nutzer handelte oder nicht. Gefragt wurde nach dem Kaufverhalten der vergangenen 12 Monate, nicht nach Wünschen oder Vorstellungen von der Zukunft. Denn je weniger konkret Interviewfragen mit dem tatsächlichen Verhalten verbunden sind, sondern sich mit künftigen Möglichkeiten und Bedürfnissen beschäftigen, desto vager, weniger valide und diffus werden die daraus abgeleiteten Auswertungen. Die strikte Ausrichtung auf vergangenheitsbezogene Aussagen ermöglichte es demgegenüber, spezifische Restriktionen und Schwächen der untersuchten Branchen zu identifizieren, durch die das Verhalten der Auskunftspersonen beeinflusst wurde.

Untersucht wurde die Nutzung folgender Interaktionskanäle:

- Persönlicher Kontakt (zum Beispiel mit einem Vertreter, in einer Filiale, etc.),
- E-Mail,
- Website,
- Telefon (zum Beispiel Call Center),
- Brief / Fax,

Unidirektionale Kommunikationskanäle wie zum Beispiel Kataloge, Broschüren etc., denen der Kunde zwar Informationen entnehmen, die er aber nicht zur Kommunikation mit dem jeweiligen Anbieter nutzen kann, fanden keine Berücksichtigung.

Die Untersuchungen des Autors belegen, dass Kunden schon längst daran gewöhnt sind, bei den verschiedenen Hauptschritten des Kaufprozesses die verschiedensten Interaktionskanäle zu nutzen. Persönlicher Kontakt mit Verkäufern oder Vertretern repräsentiert selbstverständlich nach wie vor den wichtigsten Interaktionskanal während des Kaufprozesses. Alle Befragungsteilnehmer gaben an, zumindest in einer der untersuchten Branchen entweder während der dem Kauf vorausgehenden Informationssuche (Pre-Sales), beim Kauf selber (Sales) oder hinsichtlich verschiedener nach dem Kauf auftretender Fragen (After-Sales) mit realen Personen in direktem Kontakt gestanden zu haben. Telefonische Interaktion mit Anbietern nimmt diesbezüglich die zweite Stelle ein (83 %), während die Nutzung von Websites mit 81 % hier bereits Rangplatz drei erobert hat und Brief / Fax (51 %) und E-Mail (46 %) weit hinter sich lässt.

Branchenübergreifend betrachtet nutzt die überwiegende Mehrheit der Kunden (85 %) drei oder mehr Interaktionskanäle – jeder zweite Kunde (54 %) greift sogar auf vier oder fünf Kanäle zurück. Gleichzeitig haben die meisten Unternehmen in Deutschland aber erst maximal zwei Kanäle synchronisiert. Dies verdeutlicht, welcher enorme Nachholbedarf hierzulande hinsichtlich der oben beschriebenen Kanalintegration besteht.

Eine genauere Analyse des Durchschnittswertes der von Kunden genutzten Kanäle von branchenübergreifend rund 3,6 ergibt, dass sich die Kanalnutzung zwischen den einzelnen Phasen des Kaufprozesses deutlich voneinander unterscheidet. So greift der durchschnittliche Kunde bei eigentlichen Kaufvorgängen auf lediglich 2,3 Interaktionskanäle zurück – über einen Kanal weniger als während des gesamten Kaufprozesses. Zur Erklärung dieses Sachverhaltes liegen folgende Einflussfaktoren besonders nahe:

- Vorbehalte der Kunden zum Beispiel gegenüber der Sicherheit einzelner Interaktionskanäle – vor allem bezüglich Websites,
- Ein mangelhaftes Kanalangebot einzelner Branchen.

Allerdings muss die erstgenannte Hypothese bei genauerer Analyse der vom Autor erhobenen Daten verworfen werden. Denn die so oft als „unsicher“ bezeichneten Websites sind bezüglich des eigentlichen Kaufvorganges (Sales) inzwischen zum am zweithäufigsten genutzten Interaktionskanal avanciert – lediglich geschlagen von persönlicher Interaktion. Mit 46 % gaben deutlich mehr Befragungsteilnehmer an, über eine Website gekauft zu haben, als zum Beispiel per Telefon (35 %) oder Brief / Fax (32 %).

Ist also beim eigentlichen Vertragsabschluss die oben beschriebene Eingrenzung des Kaufprozesses auf wenige Interaktionskanäle Resultat eines mangelhaften Kanalangebotes einzelner Branchen? Zumindest zu einem gewissen Grad – schließlich ergeben unabhängige Vergleichstests immer wieder, wie mangelhaft deutsche Unternehmen in diesem Umfeld aufgestellt sind. Mindestens ebenso entscheidend aber sind Bequemlichkeitsaspekte, die verschiedene Interaktionsalternativen für den Kunden unterschiedlich attraktiv machen. In Anbetracht des zum Teil völlig unzureichenden Angebotes von Online-Vertragsabschluss-Möglichkeiten – wie zum Beispiel in der Versicherungsbranche – ist es umso erstaunlicher, dass die Alternative „Website“ bereits heute in der Gunst der Kunden so hoch angesiedelt ist. Dieser Interaktionskanal bietet dem Kunden offensichtlich derart deutliche Bequemlichkeitsvorteile, dass er trotz eines mangelhaften Angebotes gerne darauf zurückgreift. Eine Integration der Internet-Aktivitäten in das Vertriebskonzept darf allein schon aus diesem Grund nicht vernachlässigt werden. Dabei stellt sich allerdings die Frage, wie die IT-Integration verschiedener Interaktionskanäle priorisiert werden sollte. Wie intensiv nutzt der Kunde entlang des Kaufprozesses welche Kanalkombination?

Zunächst einmal fällt auf, dass landauf landab die Informationschancen, die sich aus persönlicher Interaktion ergeben, in gänzlich unzulänglichem Umfang Eingang in entsprechende Kunden-Datenbanken finden. Hier ist mit hoher Priorität anzusetzen. Es müssen (zum Beispiel Web-basierte) Systeme installiert werden, die es auch einer mobilen Vertriebsmannschaft ermöglichen, ihre Erkenntnisse einfach und schnell einer zentralen Datenhaltung und -auswertung zuzuführen. Denn nahezu jeder Konsument nutzt persönliche Gespräche zumindest ab und zu bei jedem der drei Schritte des Kaufprozesses (Pre-Sales: 98 %, Sales: 100 %, After-Sales: 89 %). Websites werden inzwischen sehr häufig im Vorfeld der Kaufentscheidung genutzt, um Informationen zu sammeln und sich beraten zu lassen (78 %). Daneben werden Websites wie erwähnt auch für beziehungsweise nach dem eigentlichen Vertragsschluss genutzt (jeweils 46 %). Telefonische Interaktion ist besonders im After-Sales-Bereich gefragt (78 %), spielt aber auch vor dem beziehungsweise beim eigentlichen Kaufvorgang eine wesentliche Rolle (44 beziehungsweise 35 %). Brief- oder Fax-Korrespondenz wiederum spielt entlang des Kaufprozesses eine etwas geringere Rolle. Jeweils rund ein Drittel der Befragungsteilnehmer gab an, diesen Interaktionskanal in verschiedenen Situationen während beziehungsweise nach der Kaufentscheidung zu nutzen (32 beziehungsweise 31 %), während dies im Pre-Sales-Bereich nur für jeden vierten Konsumenten zutrifft (25 %). Via E-Mail wird deutlich seltener eingekauft. Nur rund 14 % der Auskunftspersonen gaben an, in den letzten 12 Monaten via E-Mail einen Kaufvertrag abgeschlossen zu haben. Etwas beziehungsweise deutlich mehr Kunden aber nutzen diesen Kanal zuweilen in den Pre- beziehungsweise After-Sales-Phasen des Kaufprozesses (22 % beziehungsweise 37 %).

Branchenübergreifend betrachtet weist der persönliche Kontakt — seiner Bedeutung entsprechend — besonders große Überschneidungen mit anderen Interaktionskanälen auf. So nutzen rund 83 % der Kunden entlang des Kaufprozesses sowohl den persönlichen als auch den telefonischen Interaktionskanal. In beiden Kommunikationsfällen sollten daher die gleichen Informationen zur Verfügung stehen, vom Anbieter identische Aussagen getroffen werden. Äquivalentes gilt für die Überschneidung mit dem Webbasierten Interaktionskanal (81 %). Aber auch zwischen technisch unterstützten Interaktionskanälen existieren signifikante Nutzungsüberschneidungen. So gaben zum Beispiel 69 % der Auskunftspersonen an, entlang des Kaufprozesses sowohl den telefonischen als auch den Internetkanal zu nutzen. Und fast jeder zweite Kunde (44 %) greift zumindest gelegentlich sowohl auf Brief- oder Faxkorrespondenz als auch auf telefonische Kommunikation zurück.

Aufgrund der hohen Überschneidungen zwischen den fünf untersuchten Kanälen führt im Sinne einer professionellen Kundenbetreuung mittelfristig kein Weg an einer vollständigen Integration dieser Interaktionskanäle vorbei.

	Persönl. Kontakt	Telefon	Website	Brief/Fax
Telefon	83%			
Website	81%	69%		
Brief/Fax	51%	44%	43%	
E-Mail	46%	39%	44%	28%

Abbildung 7. Überschneidungen der Kanalnutzung

Abbildung 7 enthält die Anteile der Konsumenten, die es gewohnt sind, entlang des Kaufprozesses mindestens vier verschiedene Interaktionskanäle einzusetzen. Die Kombination aus persönlichem Kontakt, Website, Telefon und Brief / Fax gehört für 38 % der Befragungsteilnehmer zum Alltag. Immerhin noch 24 % nutzen hierfür E-Mails, Websites, Telefon und Brief / Fax.

5.4 Industriespezifische Unterschiede im Multi-Channel-Verhalten

Im Branchenvergleich zeigt sich, wie wenig die Angebote besonders der Branchen Telekommunikation, Versicherung und Energieversorgung der Kundenpräferenz gegenüber Websites gerecht werden. Gleichzeitig verschenken vor allem die beiden letztgenannten Branchen durch den hohen Nutzungsgrad des teuren, nicht medienbruchsfreien Kanals „Brief / Fax" täglich Geld (siehe Abbildung 8). Hier gilt es, durch Forcierung eines Multi-Channel-Konzeptes neue Angebote zu schaffen und dem Kunden jene kosteneffizienten Kanäle zu öffnen, deren Nutzung er bereits heute von anderen Branchen gewohnt ist.

Es geht also darum, E-Business-Funktionalitäten als Ergänzung der Old Economy zu begreifen. Denn nur in seltenen Fällen – wie beispielsweise bei der Musikindustrie – hat das Internet die Chance, bedeutende Geschäftsanteile zu substituieren. Vielmehr bietet die integrative Betrachtung der verschiedenen Kanäle eine Chance, Kundenservice kosteneffizienter zu gestalten, ihn zu intensivieren und damit die Basis für langfristige, ge-

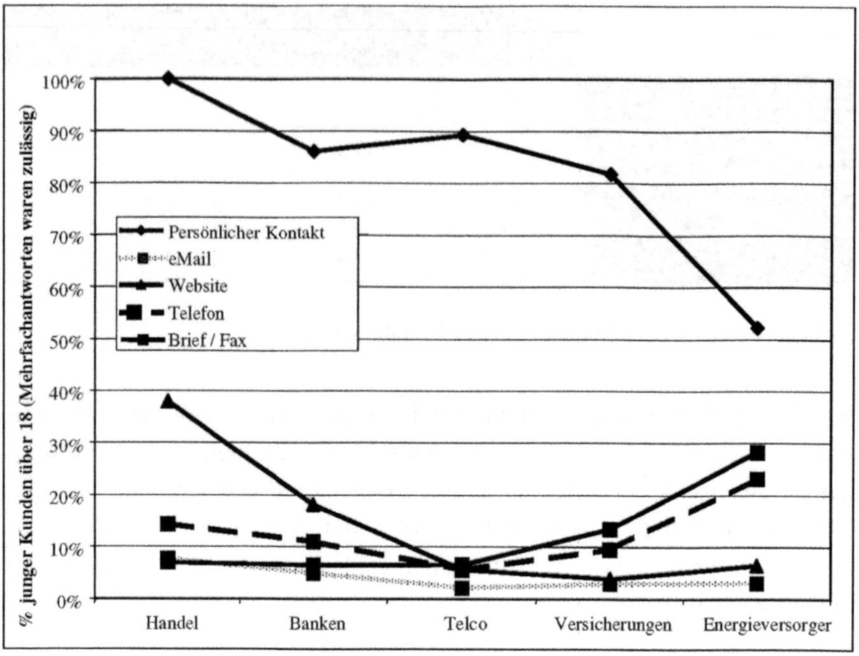

Abbildung 8. Kanalnutzung beim Vertragsabschluss im Branchenvergleich

winnträchtige Kundenbeziehungen zu legen. So belegen Beispiele aus den USA, dass dort zum Beispiel Apothekerketten ihre Kunden mit einem umfassenden Online-Beratungs- und Content-Angebot zu vermehrten Online-Bestellungen bewegen können, ohne dass dabei die Filialnetze überflüssig würden: Bis zu 90 % der Online-Besteller ziehen es vor, die im Internet ausgewählten und bestellten Produkte nicht per Post zugesandt zu bekommen, sondern sie in einer Filiale abzuholen.

Damit wird es möglich, die Kosten des Bestellvorganges zu reduzieren, ohne die Kosten für die Auslieferung zu erhöhen. Solche Synergieeffekte waren in der New Economy meist nicht möglich, da E-Business-Aktivitäten oft als Spinn-Off ausgelagert und organisatorisch vom etablierten Mutterhaus getrennt wurden. Wenn Internet-basierte Interaktion und Transaktion aber ihre volle Wirkung erzielen sollen, dann müssen vor allem jene (Teil-)Prozesse der Kundeninteraktion auf den Kanal Internet verlagert werden:

- die vom Kunden im Internet besonders bequem abzuwickeln sind,
- die im Internet kosteneffizienter durchzuführen sind als offline,
- deren vorgelagerte beziehungsweise nachgelagerte Prozessschritte ebenfalls über eine hohe Online Akzeptanz verfügen.

Einer entsprechenden (Teil-) Prozess-Allokation wird künftig entscheidende Bedeutung zukommen. So ergänzen sich Online- und Offline-Prozesse in einer Weise, die sowohl dem Kunden als auch dem Unternehmen Zusatznutzen bietet. Entsprechende Ansätze sind rein Web-basierten Modellen weit überlegen.

Damit revidiert der Multi-Channel-Ansatz eine Lehrmeinung, die aus den ersten Tagen der New Economy stammt: Etablierte Unternehmen könnten das Internet nur mit der Gründung separater Tochtergesellschaften erfolgreich nutzen. Zugegeben, in den Anfangszeiten des Web-basierten Handels war es für den Know-How-Aufbau förderlich, möglichst autonome „E-Organisationseinheiten" zu etablieren. Doch mit dem Scheitern der New Economy ist auch dieser Ansatz vom Tisch. Wie bereits mehrfach betont, sind im Sinne einer ganzheitlichen Kundenbetreuung vielmehr Konzepte gefragt, mit denen sich die Erfahrungen des traditionellen Offline-Geschäfts mit den unbestreitbaren Vorteilen des Online-Geschäfts verbinden lassen.

Die ineinander greifende Verknüpfung der verschiedensten Vertriebskanäle, bei der E-Business nur ein Element von vielen repräsentiert, erfordert auch im Management Teamplayer mit dem Sinn für gemeinschaftliche Zielerreichung. Dies gilt nicht nur für die Vertreter dieser unterschiedlichen Vertriebskanäle. Weil E-Business nahezu jeden Prozess sowohl der Einkaufs- als auch der Verkaufsseite beeinflusst, müssen die unterschiedlichsten Unternehmensbereiche auf eine völlig neue Art integriert werden. Der bereichsübergreifenden Kommunikationsfähigkeit kommt daher heute auch auf Management-Ebene eine noch größere Bedeutung zu als noch vor kurzem. Technisch brillant gelöste E-Business-Aufgaben haben daher nur dann eine Chance auf nachhaltigen Erfolg, wenn das Unternehmen eine holistische Vorgehensweise entwickelt und diese über alle Hierarchieebenen hinweg lebt.

Technisch integrierte Systeme bilden das Fundament und die Voraussetzung für ein tragfähiges Multi Channel Business. Dennoch stellen viele weitere Faktoren ebenso erfolgskritische Variablen dar. Das eingangs erläuterte Beispiel aus dem Banking-Bereich zeigt, dass Entscheidungen im Multi-Channel-Umfeld meist auch signifikante Auswirkungen auf beziehungsweise Anforderungen an die Aufbau- und Ablauforganisation eines Unternehmens implizieren. Ist die Integration der verschiedenen Kanäle erst einmal erreicht, so kann die Multi-Channel-Unternehmung von einer deutlich erhöhten strukturellen Marktattraktivität profitieren.

Teil II: Web Services

6 Web Services: Eine erste Annäherung

Im ersten Teil dieses Buches wurden die Nutzenpotenziale aber auch die gegenwärtigen Hindernisse auf dem Weg zu wahrem Collaborative Business dargelegt. Gerade was die Hemmnisse anbelangt, zeichnet sich inzwischen eine deutliche Trendwende ab. Denn technologische Integration wird bald zu einem leicht handhabbaren Standardvorgang. Das Thema „Web Services" ist der Schlüssel zu diesem Quantensprung. Das Fundament für eine weltweite C-Business-Euphorie scheint in greifbare Nähe zu rücken.

Web Services erfüllen den Wunsch nach Interoperation heterogener Systeme – und dies plattformneutral und herstellerunabhängig. Unter Web Services versteht man im Wesentlichen Aufrufe von Prozeduren auf entfernten Servern über ein offenes Standardprotokoll. Hierdurch sind die bisherigen Einschränkungen IT-gestützter Kommunikationsprozesse, welche entweder gar nicht oder nur über komplizierte Mechanismen (zum Beispiel via EDI) möglich waren, aufgehoben und es steht eine leistungsfähige Methode zur Integration verschiedenster Systeme zur Verfügung.

Damit geht einher, dass sich IT-Integrationskosten durch Web Services in erheblichem Maße senken lassen, da sie den Bedarf an proprietären „Adaptern" zu Gunsten standardisierter Schnittstellen deutlich senken. Mittelfristig ist damit zu rechnen, dass Web Services zu deutlich geänderten Geschäftsprozessen führen werden. Warum? Weil sie die Bedeutung interner wie externer Organisationsbarrieren minimieren und die Externalisierung – und damit die effizienzsteigernde Professionalisierung – gerade bei Standardprozessen fördern wenn nicht gar erst ermöglichen.

Bereits unter kurzfristigen Kosten-Nutzen-Gesichtspunkten ermöglichen Web Services im IT-Bereich sowohl verbesserten Investitionsschutz als auch die Generierung höherer Synergieeffekte, da bereits vorhandene Systeme in gänzlich neuer Art und Weise zusammenarbeiten und neue Aufgaben lösen können. Durch die einfachere und kostengünstigere Koppelung verschiedenster Applikationen wird die Anzahl solcher Verbindungen zunehmen, was unweigerlich zur Erschließung zusätzlicher Nutzenpotenziale führen und manuelle Transaktionstätigkeiten und Kosten reduzieren wird.

Der Personalstand großer IT-Abteilungen wird sich vor diesem Hintergrund reduzieren können. Allerdings bleibt abzuwarten, ob die effizientere Arbeitsweise nicht dadurch überkompensiert wird, dass nun deutlich mehr Systeme miteinander verknüpft, je nach Bedarf kurzfristig wieder entkoppelt und dafür mit anderen Systemen neuer Geschäftspartner integriert werden müssen. So sehr eine produktivitätssteigernde Wirkung der Web Services außer Frage steht, so sehr gilt es den tatsächlichen Gesamtbedarf an IT-fachlicher Arbeit abzuwarten, wie er sich in der skizzierten Zukunftswelt darstellen wird.

7 Definition: Web Services

Vereinfachend ausgedrückt versetzen Web Services die unterschiedlichsten IT-Applikationen in die Lage, durch Nutzung standardisierter Internetprotokolle mit anderen Softwarekomponenten Daten und Informationen auszutauschen. Web Services sind somit eine Softwarekategorie deren Zweck es ist, von anderen Softwarekomponenten benutzt zu werden. Dabei spielt es zunächst keine Rolle, welche Endgeräte (PC, Mobiltelefon, PDA, etc.) hierbei eingesetzt werden. Grundsätzlich wird es möglich, mit der flexiblen Verknüpfung verschiedenster Systeme auf einfache, schnelle und preiswerte Weise neue Synergien zu erzeugen und selbst komplexe Geschäftsprozesse informationstechnologisch zu unterstützen, ohne hierzu in inflexible, monolithische Systeme und Architekturen investieren zu müssen.

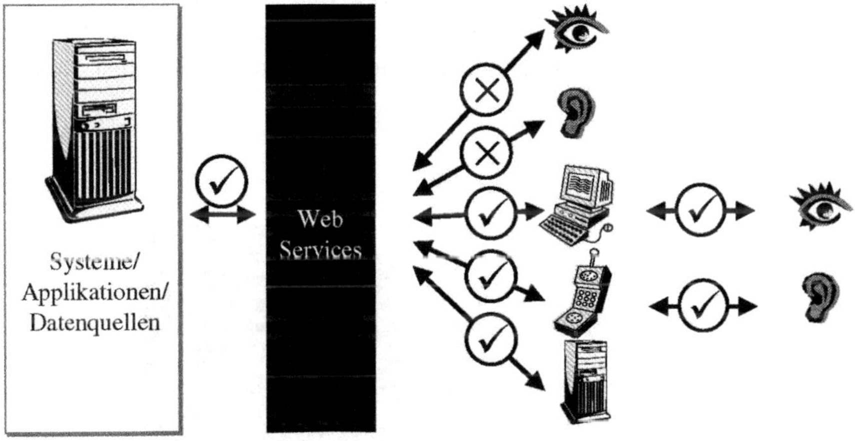

Abbildung 9. Web Services werden von Softwarekomponenten genutzt, nicht von Menschen

Weniger technisch betrachtet lassen sich Web Services auch als via IT abgewickelte (Geschäfts-) Prozesse beschreiben, auf die über das Internet zugegriffen werden kann. Über bestehende Abteilungs-, IT- oder Unternehmensgrenzen hinweg können so bereits existierende IT-Dienstleistungen für eigene, neue Zwecke wiederverwendet werden. Der Aufwand für Applikationsneuentwicklungen verringert sich entsprechend signifikant. Besonderes Augenmerk richten erste Anwenderunternehmen hierbei auf die Anbindung von Systemen aus den Bereichen „Enterprise Resource Planning“ (ERP) und „Customer Relationship Management“ (CRM) sowie Legacy Applikationen. Für diese bereits bestehenden Systeme müssen lediglich Web-Service-Anbindungen realisiert werden. Ersatzinvestitionen lassen sich hierdurch deutlich reduzieren, weshalb Web Services vielerorts als probates Mittel zum Investitionsschutz angesehen werden. Im Vergleich mit den noch immer weit verbreiteten, unternehmensübergreifenden „Electronic-Data-Interchange-Anbindungen“ (EDI) sind Web Services in nahezu allen Anwendungskategorien als effizienter und flexibler einzustufen. Lediglich wenn es darum geht, mit sehr wenigen externen Partnern sehr große Transaktionsvolumina abzuwickeln, empfiehlt sich nach wie vor EDI. In den meisten anderen Fällen werden Web Services ihren Siegeszug fortsetzen und zu einer deutlichen Wandlung der IT-Landschaft führen. Denn die Flexibilität der Web Services reduziert deutlich die Komplexität und den Aufwand, wie er üblicherweise bei der (Teil-) Externalisierung von Geschäftsprozessen anfällt. Mit Hilfe von Web Services ist es beispielsweise viel leichter möglich, die Kapazitäten ein und des selben Buchhaltungssystems zeitgleich durch mehrere Unternehmen ausnutzen zu lassen.

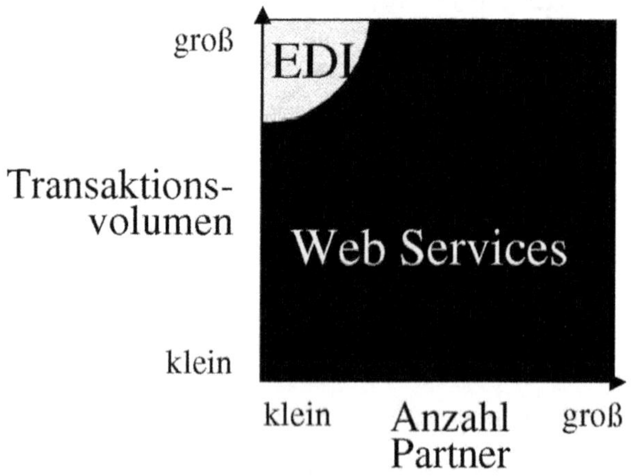

Abbildung 10. Einsatzgebiete von Web Services und EDI im Vergleich

Web Services lassen sich in drei Kategorien unterteilen, die gleichzeitig die typischen Entwicklungsstufen bei der Einführung und beim Ausbau von Web Services charakterisieren:

- Unternehmensinterne Koppelung von Applikationen, um existierende Systeme besser auszunutzen und die Produktivität des Unternehmens zu erhöhen,
- Koppelung mit ausgewählten, mit individuellen Nutzungsrechten ausgestatteten unternehmensexternen Kunden und Partnern, um Geschäftsprozesse auch über die Unternehmensgrenzen hinweg zu optimieren und die Zusammenarbeit zu intensivieren,
- Koppelungsangebot an sämtliche, auch bisher unbekannte Partner und Kunden, um eine intensivere Integration und Bindung dieser Partnerkategorien zu erreichen.

Neben den nachhaltigen Nutzenpotenzialen ist für den zu erwartenden Erfolg der Web Services die Bereitschaft quasi der gesamten IT-Industrie entscheidend, sich auf den Gebrauch einiger weniger Standards zu einigen. Web Services stützen sich dabei auf etablierte sowie einige neue Standards:

- Etablierte Internet-Technologien wie "Transmission Control Protocol / Internet Protocol" (TCP/IP) und "Extensible Markup Language" (XML),
- Neue Standards wie "Services-Oriented Access Protocol" (SOAP, ursprünglich im September 1999 von Microsoft eingeführt), "Web Services Description Language" (WSDL, im Oktober 2000 von Ariba, IBM und Microsoft eingeführt) und "Universal Description, Discovery, and Integration" (UDDI, Mitte 2000 von Ariba, IBM und Microsoft eingeführt).

Es ist zu erwarten, dass in den kommenden Jahren weitere Standards und Protokolle die Einsatzmöglichkeiten von Web Services nochmals verbessern werden. Denn allein schon die Liste namhafter Softwareanbieter, die in den Jahren 2000 bis 2002 wesentlich zur Entwicklung der Web Services Möglichkeiten beitrugen verdeutlicht, dass es sich hier nicht um einen kurzfristigen Technologie-Flopp handeln wird, sondern dass Web Services von der geballten Kraft der gesamten IT-Industrie getragen und vorangebracht werden. Neben den bereits genannten Anbietern sorgten in diesem Themenumfeld unter anderem auch die folgenden IT-Unternehmen für Schlagzeilen: BEA, HP, Intel, Iona, Novell, Oracle, SAP, Sun. Spätestens mit der Gründung der Web Services Interoperability Organization (WS-I) im Jahre 2002 wurde klar, dass hier eine ganze Branche in die selbe Richtung marschiert. Und genau dies macht die Idee, die hinter dem Thema „Web Services“ steht, so machtvoll: standardisierter Datenaustausch. Der Hauptunterschied zu klassischen E-Business-Konzepten besteht darin, dass mit Hilfe von Web Services nicht nur Inhalte, sondern komplette Funktionalitäten – wie zum Beispiel die Abwicklung von Gehaltsabrechnungsprozessen – in einer Form über das Internet angeboten werden können, die ein automatisiertes Suchen, Finden und Integrieren in bestehende, interne Systeme und Prozesse eines Unternehmens erlaubt. Nachdem das Internet zunächst Applikationen für jeden menschlichen Nutzer zugänglich machte, ist es mit Hilfe der Web Services nun möglich, Applikationen via Internet anderen Applikationen zugänglich zu machen. Vielfach bezeichnet man Web Services daher als die zweite Generation der Internetnutzung.

Dennoch steht zu befürchten, dass früher oder später einzelne Softwareanbieter ihre legitimen Eigeninteressen über das Wohl der Branche stellen und durch anbieterspezifische Modifikationen und Weiterentwicklungen einen hundertprozentig standardisierten Datenaustausch wieder erschweren werden, um Kunden langfristig an die eigenen Produkte zu binden. Auch wenn die grundlegenden Standards – wie zum Beispiel SOAP, WSDL und UDDI – für längere Zeit eine gemeinsame Basis garantieren dürften, sollte in den kommenden Jahren eine gewisse Teilfragmentierung des Web Services Marktes durch produktspezifische Abwandlungen kaum überraschen.

8 Ausbaustufen und Wertschöpfung

Mit Electronic Data Interchange (EDI) steht bereits seit Mitte der 70er Jahre eine Lösung bereit, mit der sich Enterprise Application Integration (EAI) über die Grenzen einer Firma hinaus ausdehnen lässt und mit der verschiedene Unternehmen ihre Systeme miteinander kommunizieren lassen können. Doch Web Services bewältigen diese Aufgabe weitaus flexibler, preiswerter und offener. Dabei konzentrieren sie sich im eigentlichen Sinne nicht wie EAI auf die Integration von Systemen, die unterschiedliche Sprachen sprechen. Vielmehr ermöglichen sie die Zusammenarbeit von Systemen, die nunmehr einen einheitlichen Sprachgebrauch nutzen und daher viel flexibler und loser für spezifische Arbeiten kooperieren können. Sie werden zur Zeit daher als die vielleicht umwälzendste Entwicklung in der IT-Welt der kommenden Jahre gehandelt. Optimisten schreiben Ihnen das Potenzial zu, ganze Industrien in ihren Grundfesten zu erschüttern und neu zu definieren. Diese vielleicht etwas voreilige Einschätzung fußt auf dem Umstand, dass Unternehmen einerseits ihre Dienstleistungen und Kernkompetenzen mit Hilfe von Web Services über das Internet in beispielloser Einfachheit anderen Unternehmen und Kunden anbieten können, andererseits jene Prozesse, die nicht zu den Kernkompetenzen zählen, günstig, schnell und flexibel ausgliedern können. Denn Web Services ermöglichen eine Welt, in der IT-Systeme von Unternehmen automatisch über das Internet solche Systeme anderer Unternehmen suchen, finden und anbinden, die entweder die Leistungen des eigenen Unternehmens – gegen Gebühr – nutzen wollen oder aber unliebsame Standardprozesse, die nicht zum Kerngeschäft der eigenen Firma zählen, gegen Gebühr übernehmen und abarbeiten. Kurz: Es wird deutlich einfacher, dass Unternehmen Geschäftspartner informationstechnologisch soweit integrieren, dass für beide Seiten ein geschäftlicher Nutzen entsteht. Hierbei spricht man neudeutsch auch von automatisierter „Business Process Discovery“, die zur (teil-) automatisierten IT-Integration verschiedenster Geschäftspartner führt. Doch bis dahin ist es noch ein weiter Weg. Die Grundelemente sind jedoch bereits verfügbar: Das Konzept rund um Web Services umfasst drei Grundelemente:

- einen Anbieter: zum Beispiel eine Applikation einer Firma die anbietet, für andere Unternehmen die Gehaltsabrechnung durchzuführen.
- einen Nachfrager: zum Beispiel eine Applikation eines Unternehmens das daran interessiert ist, seine Gehaltsabrechnung nicht intern abzuwickeln sondern diesbezüglich mit einer hierauf spezialisierten Firma zu kooperieren. Voraussetzung ist natürlich, dass die relevanten Systemkomponenten von Anbieter und Nachfrager miteinander kommunizieren können.
- ein Verzeichnis (Registry): Damit Anbieter und Nachfrager einander finden können, müssen die angebotenen Services in einem Verzeichnis gespeichert werden, das veröffentlicht wird und von Nachfragern – meist also von nachfragenden Applikationen eines Anwenderunternehmens – maschinell durchsucht werden kann.

Die gegebenenfalls (teil-) automatisierte Kooperationsanbahnung verläuft demnach gemäß folgender drei Schritte ab:

Schritt 1: Der Anbieter veröffentlicht sein Angebot beziehungsweise seinen Service über die Abspeicherung entsprechender Metadaten in einem Verzeichnis (Registry). Dabei wird lediglich eine Beschreibung des angebotenen Services gespeichert, nicht etwa die eigentliche Softwarekomponente.

Schritt 2: Die nachfragende Applikation eines anderen Unternehmens durchsucht das Verzeichnis und findet dort die notwendigen Daten, um einen passenden Anbieter zu lokalisieren.

Schritt 3: Nachdem sich Anbieter und Nachfrager gefunden haben, interagieren und kooperieren sie miteinander unter Benutzung der Web-Services-Standardprotokolle.

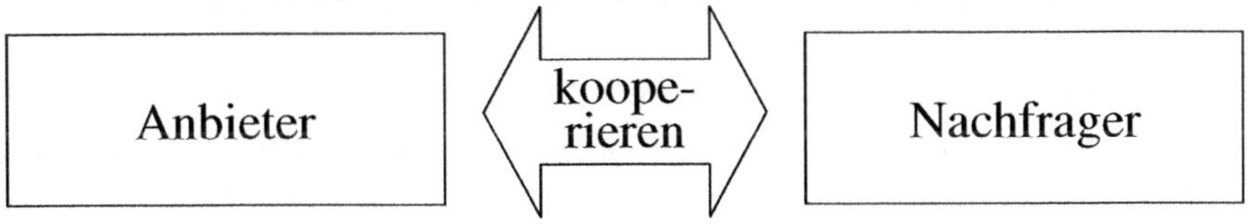

Besonders machtvoll wird dieses Vorgehen dadurch, dass der Nachfrager zeitgleich verschiedene Anbieter suchen und in sein Geschäftsleben einbinden kann. Wenn er also komplexe Aufgaben in kleinere Teilaufgaben zerlegt und diese wiederum von verschiedenen Anbietern abarbeiten lässt, so können selbst umfangreiche Geschäftsprozesse ausgelagert und professionell von automatisch gefundenen Kooperationspartnern abgearbeitet werden. Theoretisch ist die Anzahl der einzubindenden Partner unendlich – ein entsprechendes Angebot einmal vorausgesetzt. Grundsätzlich steht es hierbei jedem Unternehmen frei, Web Services sowohl anzubieten als auch nachzufragen. Typischerweise ist davon auszugehen, dass Firmen bezüglich solcher Geschäftsprozesse, die zur Kernkompetenz der entsprechenden Unternehmung zählen, eher als Anbieter agieren, während gleichzeitig andere Prozesse von hierauf spezialisierten Anbietern nachgefragt werden. Je nach dem, ob sich Anbieter und Nachfrager öffentlicher oder privater (nur bestimmten Anwendern zugänglichen) Registries bedienen, können gegebenenfalls lediglich Abteilungen eines Unternehmens oder Unternehmen eines Konzerns, Firmen mit festen Kooperationsvereinbarungen oder aber auch alle denkbaren Unternehmen via Web Services zusammenarbeiten. Anstatt sich umfangreiche Softwarepakete zu kaufen und zu installieren, können sich Kunden ihr Softwareportfolio künftig individuell zusammenstellen, in dem sie lediglich die Online-Nutzungsrechte für einzelne Module unterschiedlicher Softwarepakete erwerben und diese via Web Services zu einer Lösung bündeln, mit denen sie ihre spezifischen Aufgaben am besten lösen können. Sind die Erfordernisse und Auswahlkriterien erst einmal definiert, kann dieser Prozess – zumindest rein technisch betrachtet – ohne menschliche Eingriffe erfolgen.

Auf dem Weg in die Zukunft automatisierter Business Process Discovery werden Web Service Anwender (sowohl Anbieter als auch Nachfrager) typischerweise drei Entwicklungsstufen durchlaufen, bei denen sie die bereits skizzierten Web Services Kategorien einführen und nutzen:

Stufe 1: Unternehmensinterne Koppelung von Applikationen

Viele Unternehmen steigen in die Web Services Welt über den erstmaligen Einsatz von Simple Object Access Protocol (SOAP) ein. Web Services Description Language (WSDL) und Universal Description, Discovery and Integration (UDDI) werden oft erst in einem zweiten Schritt eingesetzt. Die ersten Web Services Projekte konzentrieren sich – unter Verwendung aller drei Standards – typischerweise auf unternehmensinterne Integrationsvorhaben. Bereits im Jahr 2002 wurden auf diese Weise von Unternehmen solchermaßen neue Web Services erzeugt oder aber bestehende Applikationen in Web Services gekapselt. Dabei werden CRM-, ERP- und weitere Systeme innerhalb der eigenen Unternehmensgrenzen und Firewall mit Web-Services-fähigen Front Ends versehen, um miteinander kommunizieren zu können. So lassen sich bereits getätigte IT-Investitionen in neuer Art und Weise nutzen. Alte CRM-Applikationen können beispielsweise durch zusätzlichen Input aus der Finanzbuchhaltung noch genauere Analysen zu bestimmten Kunden generieren, die sich schließlich in individuelle Marketingmaßnahmen überführen lassen. Alle hierfür notwendigen Daten waren schon lange im Unternehmen vorhanden. Doch erst die Zusammenführung und Auswertung in neuem Kontext liefert Erkenntnisse von denen man ursprünglich dachte, sie nur durch zusätzliche IT-Systeme erlangen zu können. Auf dieser ersten Entwicklungsstufe müssen sich Web Services Architekturen noch gegen ernsthafte Konkurrenz aus den Reihen etablierter EAI-Tool-Anbieter durchsetzen. Denn bei rein unternehmensinternen Integrationsaufgaben bieten EAI-Architekturen – je nach Aufgabengebiet und Standardisierungsgrad der bereits vorhandenen Systemlandschaft – gegenüber Web Services erwähnenswerte Vorteile bezüglich Implementierungsaufwand, Verfügbarkeit und Nachvollziehbarkeit einzelner Nutzeraktivitäten.

Stufe 2: Koppelung mit ausgewählten, mit individuellen Nutzungsrechten ausgestatteten unternehmensexternen Kunden und Partnern

In der zweiten Entwicklungsstufe gewähren Unternehmen auch externen Nutzern Zugang zu ihren Web Services. Dabei handelt es sich um sorgfältig ausgewählte, vertrauenswürdige Partner entlang der Wertschöpfungskette mit denen oft bereits langjährige Beziehungen bestehen. Vereinbarungen und Verträge regeln die Nutzungsmöglichkeiten und sorgen für zusätzliche Sicherheit. Single-Sign-On-Funktionalitäten, also die Möglichkeit, mit einer einmaligen Nutzer-Identifikation Zugang zu allen involvierten Applikationen zu erhalten, sind spätestens in dieser zweiten Stufe dringend erforderlich. Effizienten Sicherheitsvorkehrungen kommt eine noch größere Bedeutung zu, als noch auf Stufe 1. Aus der relativ preiswerten Integration von Leistungen fremder Anbieter in eigene Vorhaben ergeben sich gänzlich neue Geschäftsmöglichkeiten. Allein schon die typischerweise eher heterogenen IT-Landschaften der beteiligten Geschäftspartner verleihen Web-Services-Architekturen auf dieser zweiten Stufe im Vergleich zu klassischen EAI-Lösungen deutliche Flexibilitäts- und Kostenvorteile. Sobald Web Services in größerem Umfang für unternehmensübergreifende Zwecke eingesetzt werden, wird ihr Siegeszug daher deutlich an Dynamik gewinnen.

Stufe 3: Koppelungsangebot an sämtliche, auch bisher unbekannte Partner und Kunden

Aus heutiger Sicht ist diese letzte Stufe das ultimative Ziel der Web-Services-Entwicklung. Denn nun können unternehmenseigene Systeme ohne jede menschliche Interaktion auf dem freien Markt nach Kooperationspartnern suchen, die für die effiziente, IT-unterstützte Abwicklung bestimmter Geschäftsprozesse notwendig sind. Vollautomatisch können Kandidaten identifiziert, ausgewählt und mit eigenen IT-Systemen gekoppelt werden. UDDI spielt hier eine ebenso wichtige Rolle, wie extrem wirksame Sicherheitsvorkehrungen. Um den nahtlosen Integrationsprozess zu ermöglichen sind Fähigkeiten zur automatisierten Konditionenverhandlung erforderlich, da Preise und Nutzungsbedingungen vereinbart werden müssen.

Vor dem Hintergrund dieser Entwicklungsperspektive und angesichts der Tatsache, dass Web Services noch immer in ihren Kinderschuhen stecken, sollten entsprechende Implementierungsüberlegungen aus einer Langzeitperspektive erfolgen. Die Erarbeitung einer entsprechenden Vision und die Ableitung eines mehr oder minder detaillierten Implementierungsstufenplanes sollten daher bereits die ersten, punktuellen Web-Services-Nutzungen ergänzen und diese in einen langfristigen Kontext stellen. Vorausschauende Unternehmen entwickeln daher schon frühzeitig eine Web-Services-Architektur. Dies verhindert, dass einzelne, besonders agile Unternehmensbereiche durch ihre frühen, begrenzten Web-Services-Initiativen zu einer IT Landschaft beitragen, die später – wenn das Unternehmen in Gänze ein umfassenderes Engagement in diesem Umfeld beschließt – vollständig und kostenintensiv bereinigt und harmonisiert werden muss.

Angesichts des noch jungen Marktumfeldes empfiehlt es sich, konkrete Web-Services-Projekte auf eher schnell durchzuführende Vorhaben mit einem rasch zu erzielenden positiven Gesamtnutzen beziehungsweise Return On Investment (ROI) zu konzentrieren. Denn wie bei jeder sich schnell entwickelnden Technologie werden schon bald Lösungen verfügbar sein, die eine Aktualisierung der bereits früh integrierten Versionen nahe legen werden. Bezüglich des ROI gilt vorerst eine Einschränkung: Typischerweise korrelieren erwarteter Nutzen und Risiko positiv miteinander – je größer das Risiko, desto höher der potenzielle Nutzen. Wegen der noch nicht ausgereiften Technologie im Web-Services-Umfeld sollten Unternehmen in diesem Zusammenhang zunächst jene Projekte angehen, die einen zumindest zufriedenstellenden Nutzen bei überschaubarem Risiko gewährleisten. Per se riskantere Projekte sind prädestiniert für eine Verschiebung auf spätere Phasen, wenn bereits umfangreiche Erfahrungen mit dem neuen Thema vorliegen. Denn eines scheint sicher: Es wird noch genügend Projekte mit Web Services geben, um auch riskantere und potenziell lohnendere Aufgaben anzugehen. Manager sollten ihren Unternehmen die Zeit lassen, zuerst das Gehen zu lernen bevor der Startschuss zum Wettlauf fällt. Gegenwärtig nutzen viele Unternehmen daher Upgrades von Unternehmensportalen, um erste Erfahrungen zu sammeln. Eine Simplifizierung der Integrationsarbeiten, leichter installierbare Personalisierungsfunktionalitäten, die Beherrschbarkeit auch größerer Komplexitätsgrade und Möglichkeiten zur Einbindung echter Prozessfunktionalitäten (nicht nur von Inhalten) sprechen vielfach dafür, dieses Feld für die ersten Gehversuche mit Web Services zu wählen. Im Vergleich zu traditionellen Ansätzen resultiert hierbei Mehrwert auch aus geringeren Kosten für die Applikationsentwicklung. Denn Web Services sind ideal geeignet wenn es darum geht, komplexe Integrationsleistungen über verschiedene Betriebssysteme und Programmiersprachen hinweg zu erbringen.

Erst nach erfolgreich abgeschlossenen, internen Projekten bieten sich in einem zweiten Schritt externe Verknüpfungen auf geringem Risikoniveau an. Weil sich spätestens jetzt Geschäftsprozesse nachhaltig ändern, müssen Web-Services-Projekte durch Prozessarbeit und Prozessdokumentationen, meist auch durch diesbezügliche Berater begleitet werden.

Ähnlich wie im klassischen E-Business, so bieten auch Web Services unterschiedlichste Umsatzpotenziale entlang der folgenden Wertschöpfungskette:

- Infrastruktur,
- Plattform,
- Registry,
- Aggregation / Portal,
- Business Services.

Neu ist allerdings, dass alle diese Leistungen als Services über das Internet angeboten, gesucht, gefunden und nachgefragt werden. Infrastrukturelle Leistungen lösen unter anderem Fragen rund um die Themen „Sicherheit“, „Verfügbarkeit“, „Analyse“, „Reporting“, während unter plattformbezogenen Angeboten entwicklungsumgebungsbezogene Aufgaben zusammengefasst werden. Dies beinhaltet unter anderem auch das Thema „Messaging“. Interaktionskontrolle und Kollaboration sind Beispiele für weitere Leistungen dieser Stufe, die sich vor allem mit der Entwicklung (Produzentenplattform), der Integration (Provider-Plattform), der kollaborativen Konvergenz (Management-Plattform) und der Interaktion (Konsumentenplattform) von Web Services beschäftigt.

Registry Services wiederum ermöglichen es, Web Services zu registrieren, zu suchen und – vor allem – auch zu finden. Die Stichworte „Aggregation“ und „Portal“ beschreiben den Umstand, dass Service Provider durch die sinnvolle Zusammenführung verschiedenster Web-Services-Komponenten für den Anwender zusätzlichen Mehrwert generieren können.

Business Services können sich sowohl an private Endanwender als auch an Geschäftskunden richten. Die vertikale Ausrichtung auf einzelne Wertschöpfungsketten bestimmter Branchen oder die horizontale Ausrichtung auf branchenübergreifend ähnlich geartete Leistungen – wie zum Beispiel Customer Relationship Management – bestimmen letztlich welchen Mehrwert und welche Nutzungsart der Endanwender mit dem jeweiligen Angebot verbindet.

Auch wenn die eigentliche Nutzung der Web Services mehr oder minder vollautomatisch abläuft, so erfordert dieses Thema doch sowohl auf Anbieter- als auch auf Nachfragerseite detaillierte Planungen und Vorarbeiten, um einen sinnvollen und sicheren Umgang mit Web Services sicherzustellen. Denn noch immer stehen Web Services erst am Anfang ihrer Entwicklung. Sicherheitsfragen sind noch nicht so umfangreich gelöst, dass komplexe, umfangreiche Transaktionen bedenkenlos abgewickelt werden könnten. Auch wenn mit der Security Assertion Markup Language (SAML) ein XML-basierter Mechanismus bereitsteht, der den Austausch von identitätsbezogenen, sicherheitsrelevanten Daten zwischen verschiedenartigen Einheiten ermöglicht, so lässt sich hierdurch der Zwang zu gegenseitigem Vertrauen der Interaktionspartner noch nicht ersetzen. Gerade in den ersten Entwicklungsjahren der Web Services werden Sicherheitsplattformen notwendig sein, um ein akzeptables Sicherheitsniveau zu erreichen. Stärker integrierte Sicherheitskomponenten dürften erst später aufkommen, wenn Web Services an Reife gewonnen haben werden. Wie bei allen neuen Technologien gilt es sehr genau zu überprüfen, für welche Vorhaben sie sich bereits eignen beziehungsweise wo sie erst dann einzusetzen sind, wenn sie als ausgereift gelten können. Für die „Kinderzeit" der Web Services lohnen sich besonders solche Aufgaben, die viele Nachfrager ansprechen, die regelmäßig ähnlich gelagerte Vorgänge abwickeln können wollen. Als weitere Indizien für geeignete Vorhaben gelten eine häufige, gegebenenfalls sogar tägliche Veränderung der für einen spezifischen Geschäftsprozess zu verarbeitenden Information. Wenn die Nutzer von einer Verkürzung der Aktualisierungszyklen profitieren, die Verteilung der aktualisierten Information heute aber noch vorwiegend manuell erfolgt, so spricht dies ebenfalls für den Einsatz von Web Services. Wenn nun noch räumlich weit auseinanderliegende, verteilte Nutzergruppen vorliegen, für die sich aber eine EDI-Anbindung nicht lohnt, dann sind bereits einige der wesentlichsten Entscheidungskriterien für den frühen Einsatz von Web Services erfüllt.

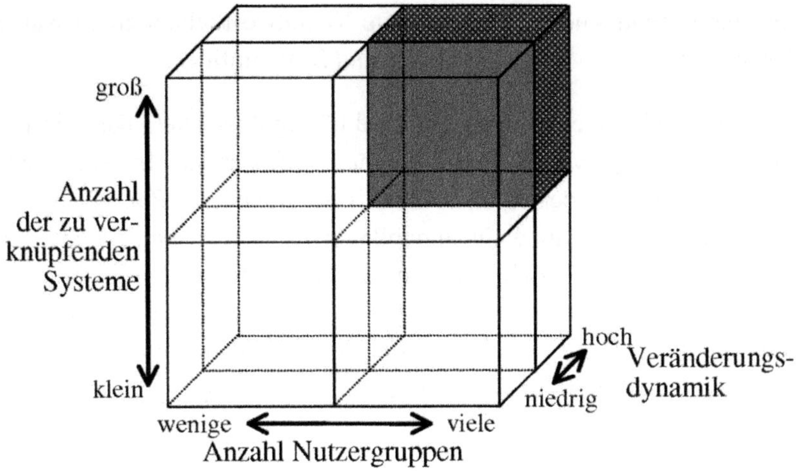

Abbildung 11. Exemplarische Auswahlkriterien für den Einsatz von Web Services

Gerade bei der Unterstützung geschäftskritischer Prozesse durch Web Services kommt dem Finden geeigneter Outsourcingpartner (Web-Services-Anbieter) entscheidende Bedeutung zu. Selbst wenn die in einer Registry gefundene Beschreibung verspricht, dass der angebotene Service alle Anforderung des suchenden Unternehmens (Web-Services-Nachfrager) erfüllt, so können doch andere Beurteilungskriterien gegen die Nutzung dieses Angebotes sprechen. Ist der Anbieter wirtschaftlich stabil? Gilt er als vertrauenswürdig? Sprechen enge Verknüpfungen des Anbieters mit Wettbewerbern gegen eine Zusammenarbeit? Wie bei der klassischen Suche und Evaluation von Kooperationspartnern, so sind auch bei der Nutzung von Web Services Details bedeutsam, die von den über die Registry ablaufenden Such- und Abgleichprozeduren nicht berücksichtigt werden können. Hier ist menschlicher Sachverstand und ausgeprägtes Urteilsvermögen gefragt.

Darüber hinaus sind zukunftsbezogene Überlegungen anzustellen. Denn selbst wenn zu einem bestimmten Zeitpunkt die gesuchten und gefundenen Web Services zueinander kompatibel sind und sich bestens zur Abarbeitung eines bestimmten Prozesses kombinieren lassen, so können dynamische Veränderungen just diesen Umstand aufheben. Langfristige Kompatibilitätssicherstellung und Middleware-Verfügbarkeit sind entscheidend, wenn manuelle Anpassungs- und Pflegearbeiten minimiert werden sollen.

Dementsprechend sind für diese Punkte Verantwortlichkeiten ebenso festzulegen, wie für die Versionskontrolle und Systempflege.

Unter finanziellen Gesichtspunkten wird häufig übersehen, dass ein Engagement im Web-Services-Umfeld weitaus umfassendere Investitionen erfordert, als es auf den ersten Blick ersichtlich ist. Punktuelle Web-Services-Verwendung mag ein sinnvoller erster Schritt sein. Da aber einerseits schnell der Wunsch nach einer Ausweitung dieser neuen IT-Möglichkeiten wächst und andererseits nach und nach immer mehr Softwareprodukte herstellerseitig mit Web-Services-Fähigkeiten ausgestattet werden, stellt sich bald die Frage nach Ersatzbeschaffungen im Softwarebereich.

Schon dieses Beispiel verdeutlicht die Notwendigkeit für längerfristige Überlegungen und Planungen, mit denen bereits die ersten Web-Services-Projekte in ein Gesamtkonzept eingebettet werden sollten. Abgesehen von Architekturfragen und anderen eher technologisch orientierten Problemstellungen sind aus Managementsicht vor allem langfristige Entscheidungen relevant, die vielfach einen mehr oder minder strategischen Charakter annehmen. Denn spätestens die Frage, welche Geschäftsprozesse wann erstmals welchen neuen externen Partnern angeboten werden oder aber von diesen abgearbeitet werden sollen, erfordert Entscheidungen strategischen Ausmaßes. Wie gesagt: Web Services sind eine relativ junge Technologie. Welche Umwälzungen sie im Geschäftsleben der Zukunft auslösen werden kann heute nicht exakt prognostiziert werden. In diesem Umfeld unsicherer Zukunftsentwicklungen und im Sinne einer tragfähigen, effizienten Architektur-Roadmap müssen aber Entscheidungen getroffen werden, welches Engagement auf welchen Gebieten über welchen Zeitraum gezeigt werden soll, um welches Ziel zu erreichen. Will sich die Firma zu einem virtuellen, hochgradig arbeitsteiligen Unternehmen entwickeln? Ist die Konzentration auf wenige Kernkompetenzen tatsächlich im Sinne des Managements, sollen weniger zentrale Geschäftsprozesse also wirklich externalisiert und via Web Services von anderen Partnern abgewickelt werden? Wenn ja, welche Entwicklungen sind im Umfeld potenzieller Partnerunternehmen zu erwarten? Sollte mit Kooperationsverträgen oder gar Unternehmensbeteiligungen der Gefahr plötzlicher Verstrickungen dieser Partner mit Wettbewerbern vorgebeugt werden? Oder handelt es sich bei den erfolgsversprechendsten Partnern ohnehin um altvertraute

Wettbewerber? Wie kann dann der Crux begegnet werden, gleichzeitig Kooperationspartner und Wettbewerber sein zu müssen? Und welche neuen Umsatzquellen, Geschäftsmodelle und Angebotskategorien lassen sich durch intelligente Verknüpfung eigener Kompetenzen mit Partnerunternehmen erschließen? Können auf diese Weise neue Zielgruppen und Märkte erfolgreich angegangen werden? Müssen hierfür neue Preismodelle entwickelt werden oder wie soll man sich zwischen Abonnement, traditionellen Lizenzen und nutzungsabhängiger Bepreisung entscheiden? Welche Auswirkungen hat die neue Marktpositionierung – neben technologisch getriebenen Fragestellungen – auf das erforderliche Qualifikationsprofil künftiger Mitarbeiter? Muss die Aufbauorganisation neu strukturiert werden, um für diese Zukunft gerüstet zu werden? Wenn dem so ist, wann ist hierfür der günstigste Zeitpunkt zu erwarten? Was bedeutet eine solche Veränderung für die Unternehmenskultur? Wem stehen die Urheberrechte des neu kreierten Angebotes zu?

Im Extremfall kann es also darum gehen, ein komplett neues Unternehmen zu definieren. Meistens aber dürfte es sinnvoller erscheinen, lediglich begrenzte Optimierungen vorzunehmen. Von Software abgewickelte Prozesse sind nur selten mit kompletten Geschäftsprozessen gleichzusetzen, die menschlicher Aktivität bedürfen. Wo genau also sollen Web Services ansetzen? Fragen über Fragen: Existenzielle Entscheidungen erfordern ein pro-aktives Management. Auch wenn Web Services vorerst nur selten an den Grundfesten großer Unternehmen rütteln werden, so ist es doch offensichtlich, dass entsprechende Planungen und Entwicklungen nicht einfach Softwareprogrammierern überlassen werden dürfen. Denn auch mit gut gemeinten Einzelprojekten können Richtungen vorgegeben werden, die in Zukunft Handlungsspielräume einengen, wirtschaftlich notwendige Entwicklungen behindern. Manager, die hier nicht frühzeitig fundierte Überlegungen anstellen und tragfähige Rahmenbedingungen definieren, dürfen sich nicht wundern, wenn sie früher oder später von einer Dynamik getrieben werden, die zu steuern ihre ureigenste Pflicht gewesen wäre.

Am bereits erwähnten Beispiel Web Services bezogener Partnerschaften mit externen Unternehmen wird deutlich, dass alte Regeln aufgehoben werden können. Denn im traditionellen Geschäftsleben ist es selbstverständlich, dass Prüfungen der Ertrags- und Geschäftslage sowie der Jahresabschlüsse (Due Diligence), Recherchen, Überprüfungen der Zahlungsmoral, Kundenreferenzen und vertragliche Vereinbaren untrennbar mit der Knüpfung wichtiger Unternehmenskooperationen verbunden sind. Nur weil die Technologie es jetzt erlaubt, passende Partner automatisch und in Echtzeit zu finden und technologisch anzubinden, sollten bewährte und notwendige Evaluationsmethoden zumindest im Zusammenhang mit kritischen Geschäftsprozessen nicht über Bord gehen. Der bloße Eintrag in einer entsprechenden Registry besagt noch nichts über die Qualität, mit der ein Partner bestimmte Aufgaben lösen kann. Der Irrglaube, Technologie würde traditionelle Gesetze und Grundregeln geschäftlich erfolgreicher Tätigkeit überflüssig machen, hat schon zum Scheitern der New Economy beigetragen. Bleibt zu hoffen, dass eine lernfähige Weltwirtschaft diesen Fehler nicht wiederholen wird. Menschlicher Intellekt und Arbeitseinsatz bei der Partnerschaftsanbahnung wird nach wie vor gefragt bleiben. Softwarekomponenten können (Preis-) Verhandlungen automatisch abwickeln, wenn die fraglichen Leistungen durch Deskriptoren eindeutig beschreibbar sind. Komplexe Verhandlungen erfordern aber stets auch menschliches Verhandlungsgeschick.

Wenn die solchermaßen recht offensichtlichen Schwächen von Web Services nicht im allgemeinen Trubel, dem Hype und den damit verbundenen, oft überzogenen Erwartungen untergehen, sollte man eine kritische Würdigung des Themas erwarten können. Was aber sind – zusätzlich zu den oben angeführten Problemfeldern – die derzeit entscheidenden Schwächen? Zunächst einmal ist festzuhalten, dass Web Services eine recht simple Technologie sind, die – informationstechnologisch betrachtet – nicht viel mehr als eine einfachere Programmierbarkeit bereitstellen soll. Verständlich also, dass man ihr zum heutigen Zeitpunkt nur schwerlich zutrauen kann, sämtliche Anforderungen all der großen Vorhaben erfüllen zu können, die verschiedene Weltkonzerne bis in die letzten Winkel ihrer IT-Systeme miteinander verknüpfen sollen. Gesunder Menschenverstand mahnt also zur Identifikation realistischer Detailaufgaben. Sobald extreme Anforderungen bezüglich Verfügbarkeit, Skalierbarkeit und Zuverlässigkeit zu erfüllen sind, werden Aufgaben schnell komplex. Fehleinschätzungen, dass bereits heute alle Softwareanbieter Web Services unterstützen führen ebenfalls in die Irre. Denn auch produktseitig ist noch auf absehbare Zeit ein Auswahlverfahren einzuplanen, das so manchen Optimierungstraum mangels vorhandener Web-Services-Fähigkeit platzen lässt. Noch längst arbeitet nicht alles zusammen, was Fachabteilungen wünschenswert erscheint. Es dürfte nicht sonderlich überraschen, wenn einige hochfliegenden Erwartungen im Laufe eines Projektes nach und nach einem gewissen Realismus weichen werden. Besser ist es allerdings, das Hirn schon vor dem Einstieg in die Web-Services-Welt einzusetzen – dies beugt schlaflosen Nächten und so manchen Magenkrampf vor.

Sind im Vorfeld einer Implementierung auch die potenziell kritischen und strategisch bedeutsamen Seiten neuer Web Services ausreichend hinterfragt und gewürdigt worden, steht dem wertschöpfenden Einsatz dieser Technologie nichts mehr im Wege. Denn nur Träumer können davon ausgehen, auch dann noch signifikante Wettbewerbsvorteile erzielen zu können, wenn der Einstieg in die Web-Services-Welt erst zu einem Zeitpunkt erfolgt, an dem diese Technologie als gänzlich ausgereift gilt. Realisten steigen daher bereits in diesen Tagen ein, zumindest mit ersten SOAP-Projekten.

Naturgemäß erinnert eine Beschreibung der Nutzenpotenziale punktuell an altbekanntes aus der EDI- und EAI-Welt. Dennoch lassen sich auch gänzlich neue Aspekte erkennen, die mit traditionellen Ansätzen nur schwerlich realisierbar sind. Besonders offensichtliche Vorteile ermöglichen Web Services in folgenden Bereichen:

- Prozessoptimierung entlang der Wertschöpfungs- beziehungsweise Beschaffungskette (Supply Chain),
- Integration bereits bestehender, interner IT-Ressourcen,
- Integration von Kundenmitarbeitern in Prozesse, die mit Hilfe interner IT-Ressourcen abgewickelt werden,
- Effizienz der IT-Abteilung, besonders hinsichtlich typischer Entwicklertätigkeiten,
- Ermöglichung gänzlich neuer Geschäftsmodelle (durch Koppelung beziehungsweise Entkoppelung existierender Geschäftsprozesse),
- Komplette Informations- und Datenzugriffsmöglichkeiten zu jeder Zeit, an jedem Ort, über jedes Endgerät.

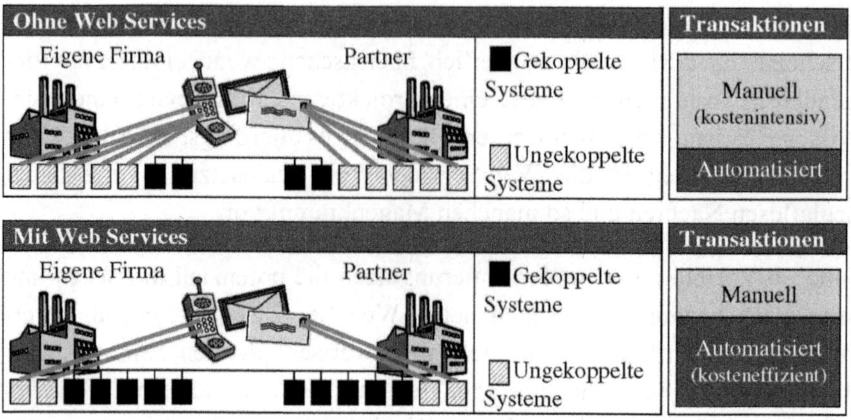

Abbildung 12. Systemkoppelungen senken Transaktionskosten

Konkrete Nutzenpotenziale zeitigen sich in unterschiedlichem Gewand. Die folgenden Zeilen erläutern einige der wichtigsten Gebiete, auf denen Web Services künftig ihre Vorteile beweisen werden.

Aus der Tatsache, dass Unternehmen mit Hilfe von Web Services quasi in Echtzeit neue IT-Dienstleistungen und informationstechnologisch abgewickelte Geschäftsprozesse entwickeln und anbieten können, resultiert die vielleicht umwälzendste, neue Nutzenkategorie der Unternehmensagilität. Massenindividualisierungen der aus Applikationsleistungen unterschiedlichster Partner zusammengestellten Leistungen bieten ähnlich neue Vorteile und Umsatzchancen. So wie der Digitaldruck das Verlagsgeschäft revolutionierte, weil er im Gegensatz zum traditionellen Offsetdruck erstmals eine Druckauflage von lediglich einem Exemplar zu vertretbaren Kosten ermöglichte, so erlauben es Web Services, Applikationen für eine Aufgabe zu koppeln, die im Extremfall für nur kurze Zeit, vielleicht sogar nur ein einziges Mal gelöst werden muss. Auf diese Weise werden frühere IT-Investitionen für neue, zusätzliche Aufgaben genutzt.

Abgeleitet aus dieser Agilität können sich Unternehmen neue Umsatzquellen erschließen, die ohne Web Services unerreichbar wären. Denn oftmals wird die Kombination bestehender Systeme zu einem neuen Angebot erst jetzt nicht nur inhaltlich, sondern auch unter finanziellen Gesichtspunkten sinnvoll. Bewährte, aber teure Integrationsmethoden sind jetzt teilweise substituierbar. Neben diesen neuen Möglichkeiten hinsichtlich des Angebotsportfolios ermöglichen Web Services aber auch neue Umsatz- und Einsparungspotenziale, die aus innovativen, flexibel knüpf- und aufkündbaren Partnerschaften mit Lieferanten, Abnehmern oder anderen Geschäftspartnern resultieren. Jetzt können nämlich auch solche Unternehmen – zumindest vorübergehend – in die eigenen Geschäftsprozesse integriert werden, bei denen dies bisher aus Kostengründen schlichtweg unvernünftig gewesen wäre. So kann es sich jetzt lohnen, Abnehmer zu integrieren, die man nur über einen begrenzten Zeitraum hinweg beliefern kann. Es ist also möglich, gänzlich neue Zielgruppen zu erschließen. Für Lieferanten gilt Äquivalentes.

Darüber hinaus lassen sich mit Web Services natürlich auch in solchen Nutzenkategorien Vorteile erzielen, wie sie für IT-Lösungen eher typisch sind. Dies betrifft vor allem Wettbewerbsvorteile, die aus einer ausgeprägteren Arbeitsteilung mit Teilprozessspezialisten und neuen Partnern resultieren, mit denen man aus technischen oder finanziellen Gründen bisher nicht zusammenarbeiten konnte. Hierdurch induzierte Vorteile beziehen sich vorwiegend auf die Dimensionen Innovation, Preis und Qualität.

Im Allgemeinen eröffnen diese Dimensionen die Möglichkeit, die Zufriedenheit und in Folge dessen auch die Loyalität von Kunden zu erhöhen. So banal es auch klingen mag, so nachhaltig wirkt sich dies auf die Profitabilität eines jeden Unternehmens aus. Solche Variablen lassen sich nicht nur global betrachtet, sondern durch die nunmehr weitaus flexiblere Informationstechnologie auch für jeden einzelnen Kunden gezielt steigern. Das Ziel lautet: Individuelle, differenzierte Service-Level.

Zusätzlich versprechen Web Services auch Fortschritte bezüglich Produktivitätssteigerung und Kostenreduktion. Ersteres leitet sich aus der bereits angeführten Arbeitsteilung und der damit einhergehenden Spezialisierung ab. Letzteres macht sich – neben reduzierten Prozesskosten – vor allem in den IT-Abteilungen bemerkbar. Denn unter Verwendung von Web Services können jetzt weniger Softwareentwickler mehr Integrationsaufgaben bewältigen als bisher. Beide Vorteilskategorien fallen je nach Branche unterschiedlich hoch aus. So beziehen sich Produktivitätssteigerungen auf die gesamte Wertschöpfungskette einer Industrie und beziehen Entwicklung,

Produktion und (Kunden- oder Produkt-) Betreuung mit ein. Während Finanzdienstleister eher im Servicebereich von Web Services profitieren, so erzielt das produzierende Gewerbe naturgemäß vor allem in der Produktion entsprechende Verbesserungen. Für das Dienstleistungsgewerbe wirken sich Web Services wiederum auf beide Bereiche, Leistungserbringung und nachgelagerte Betreuung, gleichermaßen positiv aus.

Erste Implementierungen im Umfeld von E-Sales-Portalen belegen, dass mit Web Services die Kosten für die typischen Systemintegrationsphasen Design, Development und Testing – im Vergleich zu traditionelleren Java-Ansätzen – durchaus um zweistellige Prozentsätze gesenkt werden können. Im Zeitverlauf, wenn Web Services mehr und mehr als ausgereifte Technologie gelten können, werden sich ihre Nutzenpotenziale von Kostenreduktionsaspekten zunehmend auf die Generierung zusätzlicher Umsätze verlagern. Umsatzsteigerungen, die erst durch Web Services unterstützte Geschäftsmodelle möglich werden, scheinen bislang nur von der Phantasie begrenzt zu sein. Realismus und gesunder Menschenverstand legen aber auch hier die Vermutung nahe, dass im kommenden Web Services Hype phantastisch anmutende Erfolgsmeldungen nicht den Normalfall wiederspiegeln werden.

9 Künftige Marktentwicklung

Im November 2002 trafen sich am Mittelmeer über 300 IT-Manager aus den unterschiedlichsten Ländern Europas, um über das Thema „Web Services“ zu diskutieren. Sie schätzten das Zukunftspotenzial dieser Technologie durchaus unterschiedlich ein. Etwa jeder Zehnte äußerte mehr oder minder deutliche Bedenken, ob Web Services in den kommenden Jahren tatsächlich zu dem bestimmenden Thema der Software-Industrie werden würden. Etwa die Hälfte der Anwesenden war sich nicht sicher, welche Entwicklung hier zu erwarten sei. Rund 40 % aber glaubten fest an eine glorreiche Zukunft dieser Technologie. Im Gegensatz zu dieser zwar positiven, aber noch zurückhaltenden Einschätzung schwärmten Analysten zu diesem Zeitpunkt bereits uneingeschränkt von einer rosaroten Zukunft. Eine Zuversicht, die sich bis heute vor allem auf zwei Umstände stützt:

- Die zunehmende Bedeutung der unternehmensübergreifenden Zusammenarbeit die im Extremfall zum virtuellen Unternehmen führen kann.
- Die Inflexibilität und Kostenintensität traditioneller Integrationsmethoden wie zum Beispiel „Enterprise Application Integration“ (EAI), die eine permanente Anpassung an ständig wechselnde Wirtschaftsverhältnisse ebenso wenig zulassen wie eine internetbasierte Prozessintegration mit vielen parallelen Geschäftspartnern.

Anders als andere in den vergangenen Jahren zunächst hochgejubelte, mit traumhaften Zukunftserwartungen belegte, dann aber doch eher nur mäßig erfolgreiche Technologien verfügen Web Services über den Vorteil, langfristig geschäftsrelevante Konzepte zu unterstützen. Sie versprechen somit nicht einfach nur die üblichen IT-Vorteile: schneller, leichter, billiger. CRM-Technologien wurden um die Jahrtausendwende so erfolgreich, weil sie das eherne Geschäftsprinzip optimierter Kundenorientierung erstmals kosteneffizient abbilden konnten, falls Aufbau- und Ablauforganisation ebenfalls auf dieses Zel ausgerichtet wurden. Web Services, welche die unternehmensübergreifende Zusammenarbeit vereinfachen, werden deshalb ähnlich erfolgreich werden, weil erst sie Collaborative-Business-

Strategien zu einem flächendeckend bezahlbaren Ziel mutieren lassen. Auch hier sind aber Modifikationen in der Aufbau- und Ablauforganisation notwendig, um den prognostizierten Erfolg zu ermöglichen. Dabei werden die drei bereits erläuterten Web Services Kategorien

- Unternehmensinterne Koppelung von Applikationen,
- Koppelung mit ausgewählten, mit individuellen Nutzungsrechten ausgestatteten unternehmensexternen Kunden und Partnern,
- Koppelungsangebot an sämtliche, auch bisher unbekannte Partner und Kunden

zu unterschiedlichen Zeitpunkten und je nach Branche in unterschiedlicher Weise adaptiert werden. Die unternehmensinterne Koppelung von Applikationen wird besonders in jenen Industrien schnell Anwendung finden, die unter einem besonders großen Zwang zur Kostenreduktion und zur Integration von Standard-Software mit eigenentwickelten Lösungen stehen. Dies trifft beispielweise auf den Finanzdienstleistungssektor zu, in dem die weiter fortschreitende Marktkonsolidierung, der Zwang zur Multi-Channel-Integration und die Erfordernisse individueller Kundenansprache eine flexible Koppelung unterschiedlichster Systeme erfordern. Erste Indikatoren – wie beispielsweise Kundenanfragen bei Softwareunternehmen – sprechen dafür, dass 2003 in diesem Zusammenhang als das Jahr der frühen Mehrheit bezeichnet werden kann, in dem diese Web Services Kategorie einen deutlichen Schub verzeichnet. Tatsächlichen Standardstatus dürfte diese Kategorie dennoch nicht vor 2005 erlangen, wahrscheinlich sogar erst später.

Die Koppelung mit ausgewählten, mit individuellen Nutzungsrechten ausgestatteten unternehmensexternen Kunden und Partnern wiederum ist besonders für hochgradig fragmentierte Branchen interessant, die komplexe Produkte anbieten. Denn solche Industrien – wie zum Beispiel die Unterhaltungselektronikbranche – profitieren von der optimierten, (teil-) automatisierten Zusammenarbeit verschiedener Unternehmen in besonderem Maße. Auch wenn einzelne Innovatoren bereits 2002 in entsprechende Projekte investierten, so erwartetet die IT-Branche eine deutliche Ausweitung entsprechender Aktivitäten dennoch erst für das Jahr 2004. Damit verbinden allerdings viele IT-Leiter die Hoffnung, dass diese Web-Services-

Kategorie sich bereits zwei oder drei Jahre später als Standard etabliert haben wird.

Koppelungsangebote an sämtliche, auch bisher unbekannte Partner und Kunden sind dagegen am ehesten von Branchen wie zum Beispiel der Werbeindustrie zu erwarten, die sich durch kurze Produktlebenszyklen und niedrige Markteintrittsbarrieren kennzeichnen lassen. Denn in derart dynamischen Geschäftsumfeldern ist es für die vielen Marktteilnehmen erforderlich, mit ständig neuen Partnern schnell interagieren und zusammenarbeiten zu können. Allerdings wird diese Web Services Kategorie als letzte der drei oben genannten Kategorien zum Massenphänomen werden. Denn bei dieser Art der Zusammenarbeit sind die Sicherheitsrisiken am größten, was nach entsprechenden Schutzmechanismen verlangt und eine psychische Barriere bei anstehenden Implementierungsentscheidungen erzeugt. Darüber hinaus erzielt diese Web-Services-Kategorie erst dann ihre volle Wirkung, wenn Web Services bereits eine weite Verbreitung gefunden haben. Denn erst dann erzeugt die (teil-) automatisierte Suche nach Kooperationspartnern signifikanten Mehrwert. Dies bedeutet, dass jene Unternehmen, die in dieser Kategorie zu den Pionieren zählen, tendenziell weniger Nutzen zu erwarten haben, als die Gruppe der nachfolgenden Unternehmen. Damit gilt es als wahrscheinlich, dass viele Firmen erst die Marktentwicklung abwarten werden um erst zu einem solchen Zeitpunkt in diese Web-Services-Kategorie zu investieren, wenn die Marktdurchdringung ein ausreichendes Maß angenommen hat. Dieses Verhaltensmuster induziert einen regelrechten „Wartestau“ zahlreicher investitionswilliger, aber zunächst lediglich den Markt beobachtenden Unternehmen. Mit der tatsächlich massenmäßigen Implementierung solcher Services ist somit relativ spät, dann aber in Form eines „Dammbruchs“ zu rechnen: Sobald die Marktzahlen zufriedenstellende Nutzenpotenziale versprechen, werden alle bisher wartenden Unternehmen quasi zeitgleich ihre aufgeschobenen Implementierungsprojekte initiieren. Wann dieser Durchbruch erzielt werden wird, lässt sich heute nur mit unseriösen und unzuverlässigen Methoden prognostizieren, da noch nicht einmal erste Erfahrungen ausreichend vieler Innovatoren vorliegen.

Bei der Umstellung auf Web Services werden Anwenderunternehmen in zunehmendem Maße vier Dienstleistungskategorien in Anspruch nehmen, um die zugehörigen Herausforderungen zu meistern:

- Business Consulting zur Optimierung und Neudefinition der Geschäftsprozesse und der Aufbauorganiation,
- IT Consulting für die Planung und Architektur hierfür erforderlicher IT-Landschaften,
- Systemintegration zur praktischen Umsetzung der Web Services Initiativen,
- Individualentwicklung von Applikationen, um fehlende Funktionalitäten abzubilden.

Der Löwenanteil der einzukaufenden Dienstleistungen wird aller Voraussicht nach zunächst auf den Bereich Systemintegration entfallen. Sobald aber die Koppelung mit unternehmensexternen Kunden und Partnern via Web Services abgewickelt werden wird, gewinnen strategische Fragestellungen an Bedeutung (siehe Teil IV dieses Buches). In dieser zweiten Entwicklungsphase stehen vor allem konzeptionelle und organisatorische Probleme an, Business Consultants bestimmen dann das Bild.

Doch zurück in die Gegenwart: Anbieterseitig zeigen die heutigen Tätigkeitsschwerpunkte der Marktteilnehmer, dass Web Services noch immer erst am Anfang ihrer Entwicklung stehen. Denn entlang der Wertschöpfungskette „Infrastruktur – Plattform – Registry – Aggregation / Portal – Business Services" befassen sich die meisten Anbieter vor allem mit dem infrastrukturellen Ende der Kette. Erst wenn hier ein ausreichend ausgereiftes Angebot vorzufinden ist werden auf den nachgelagerten Stufen neue Angebote entstehen können, an die heute noch kaum zu denken ist.

10 Einsatzgebiete

Bei neuen Technologien ist es grundsätzlich zu befürworten, dass Unternehmen sehr genau analysieren, welche der theoretisch machbaren Verbesserungen tatsächlich einen positiven Nettonutzen versprechen. Drei Bewertungsdimensionen bieten in diesem Zusammenhang die Möglichkeit zu schnellen, aber dennoch recht zuverlässigen Trendaussagen. Denn besonders solche Unternehmensbereiche und IT-unterstützten Geschäftsprozesse sollten mit Hilfe von Web Services abgebildet werden, die

- einer hohen Veränderungsdynamik unterliegen und regelmäßig angepasst werden müssen,
- eine große Anzahl unterschiedlicher IT-Systeme und Applikationen betreffen,
- viele Benutzergruppen und Partner einbeziehen.

Aktuellen Aussagen großer Firmen zu Folge werden viele europäische Unternehmen Web Services konsequenterweise zunächst für Customer Relationship Management (CRM), Beschaffung, Vertrieb und Supply Chain Management (SCM) einsetzen. Bei der Planung einer Implementierungsroadmap empfiehlt es sich dabei, zunächst jene Kommunikations- und Interaktionsprozesse zu identifizieren, die einen überdurchschnittlich hohen Anteil manueller, nichtautomatisierter Arbeiten und damit Kosten verursachen. Aus diesem Prozess-Cluster sollten dann jene Prozesse und Schnittstellen gewählt werden, die besonders einfach und kostengünstig mit SOAP-Schnittstellen (Services-Oriented Access Protocol) versehen werden können und die im Zusammenhang mit Web Services einen besonders schnellen Return On Investment (ROI) versprechen. Erfolgsentscheidend dabei ist, dass die Reorganisation nicht technologiegetrieben erfolgt, sondern auf einer detaillierten Neudefinition der betroffenen Geschäftsprozesse aufbaut.

Sobald in wenigen Jahren die Web-basierte Koppelung von Unternehmen gänzlich alltäglich geworden sein wird, lassen sich auch bisher intern abgewickelte Prozesse deutlich leichter externalisieren. Besonders „Standardprozesse“ wie zum Beispiel in den Bereichen Buchhaltung und Personalverwaltung können dann von spezialisierten Anbietern übernommen und deutlich kosteneffizienter abgewickelt werden.

Bereits heute entscheiden Mehrwert, Einfachheit und Wiederverwendbarkeit über den Einsatz von Web Services. Auf dem heutigen Entwicklungsstand von Web Services ist es daher zweckmäßig zu überprüfen, welche Teilbereiche des eigenen Geschäftsbetriebes als separate, vom restlichen Unternehmen getrennte Geschäftsprozesse mit Hilfe von IT Systemen in einer Art und Weise repräsentiert und angeboten werden können, die für Mitarbeiter (-gruppierungen), bestimmte Kunden oder auch Geschäftspartner einen Mehrwert generiert. Denn solche Prozesse die in sich geschlossen sind, einen erkennbaren Nutzen stiften und die mit Hilfe von Software abgewickelt werden können, sind für die Vermarktung via Web Services geradezu prädestiniert.

Als Einsatzgebiete bieten sich besonders Vertriebs- und Service-Aufgaben an, die mit kurzfristigen Nachfrageschwankungen verbunden sind. Auch upstream-orientierte Prozesse aus dem Einkaufsbereich sind wie geschaffen für Web Services, wenn durch Datenbearbeitung in Echtzeit lukrativere Einkaufskonditionen erzielt werden können. Die folgende Liste enthält einige willkürlich herausgegriffene Anwendungsbeispiele, wie Web Services bereits heute sinnvoll eingesetzt werden können.

Öffentlicher Sektor:

Behörden beschäftigen sich mit riesigen Datenmengen. Doch meist sind die zugehörigen Datenspeicher nur wenigen, voneinander isolierten Nutzergruppen zugänglich. Dabei könnten in vielen Fällen aus der Zusammenarbeit unterschiedlicher Organisationseinheiten und Institutionen erhebliche Synergieeffekte resultieren, könnten Doppelarbeiten vermieden und arbeitsintensive Medienbrüche in der Zusammenarbeit minimiert werden. Je nach Natur der Daten können Web Services hier enormen Mehrwert stiften.

Konsumgüterindustrie:

Um Lagerbestände und Lieferzeiten gleichzeitig minimieren zu können, müssen Verkaufs-, Bestell-, Produktions- und Lieferantendaten permanent miteinander abgeglichen und analysiert werden. Bei einem umfangreichen und sich dynamisch ändernden Vertriebspartner- und Lieferantennetz induziert dies erhebliche, kontinuierliche Systemintegrationskosten. Mit Hilfe von Web Services sind die zugehörigen ERP- und Supply Chain Systeme oftmals deutlich preiswerter und flexibler miteinander koppelbar.

Einzelhandel:

Einzelhändler, die ihr Sortiment über verschiedene Kanäle (Ladengeschäft, Internet, Call-Center, Katalog, etc.) vertreiben, werden neudeutsch als „Multiple-Channel-Händler" bezeichnet. Integrieren sie die verschiedenen Kanäle, um ihre Kunden über sämtliche Vertriebswege hinweg ganzheitlich wahrnehmen und betreuen zu können, so verdienen sie die Bezeichnung „Multi-Channel-Händler". Gerade für letztere kann es sich lohnen, alle Vertriebskanäle via Web Services direkt mit Lieferanten zu verknüpfen, damit kurzfristigen Nachfrageschwankungen einzelner Absatzwege nicht mit übergroßen Lagerbeständen des Handelsunternehmens vorgebeugt werden muss. Denn bei entsprechendem Prozessdesign der Lieferanten kann die Pufferfunktion des Handelslagers durch verkürzte Reaktionszeiten der Lieferanten ersetzt werden. Dies erfordert aber wiederum eine möglichst direkte und unverzügliche „Benachrichtigung" der Lieferanten, wenn die tatsächlichen von den prognostizierten Absatzzahlen signifikant abweichen. Falls sowohl Lieferanten als auch Abnehmer einer deutlich wahrnehmbaren Fluktuation unterliegen, so bietet sich eine flexible Integration via Web Services an.

Vertragshändler:

Auf Basis bereits bestehender Datenverbindungen können Hersteller von Konsumgütern ihren Vertragshändlern anbieten, unter Einsatz von Web Services die angefallene Umsatzsteuer zu berechnen. Vollkommen automatisiert können die entsprechenden Informationen im Namen des jeweiligen Händlers an die zuständigen Finanzbehörden weitergeleitet werden.

Gebrauchtwagenhändler:

Nur wenigen Gebrauchtwagenhändlern steht eine ausreichend große Fläche zur Verfügung, um dort ständig die gesamte Bandbreite der von Kunden gewünschten Fahrzeuge vorhalten zu können. Abgesehen vom Flächenbedarf sprechen auch finanzielle Gründe gegen eine ausgedehnte, eigene Lagerhaltung. Daher ist es zweckmäßig, das selbst vorgehaltene Sortiment zumindest virtuell durch Wagen anderer Händler zu ergänzen. Um möglichst viele Händler in ein solches Kooperationsnetzwerk einbinden und via Internet permanent aktualisierte Produkt-, Preis- und Verfügbarkeitsdaten gewährleisten zu können, bieten sich für die kosteneffiziente Integration Web Services an.

Auktionshäuser:

Internetauktionshäuser können Web Services einsetzen, um es Partnersites leichter und schneller zu ermöglichen, ihr Auktionsangebot und die damit verbundenen Dienstleistungen zu integrieren und diese damit ebenfalls anbieten zu können.

Suchmaschinen:

Internetsuchmaschinen können SOAP Schnittstellen einsetzen, um für ihre Kunden die Nutzung und Einbindung von analysebezogenen Dienstleistungen einfacher zu gestalten.

Telekommunikation:

Um Endkunden via Internet umfangreiche Self-Service-Funktionalitäten anbieten zu können, die das gesamte Spektrum der angebotenen Leistungen umfassen, müssen Telekommunikationsunternehmen verschiedenste Applikationen über ein Internetportal nutzbar machen. Dies betrifft produktspezifische Datenbanken ebenso wie Bestellsysteme, Gebührenerfassungs- und Fakturierungssysteme. Sind dabei auch noch umfangreiche Personalisierungsoptionen gewünscht, so lohnt sich ein näherer Blick auf die Möglichkeiten heutiger Web Services Technologie. Äquivalentes gilt für die Option, derart umfassende Self-Service-Funktionalitäten auf kosteneffiziente Weise in Intranets großer Firmenkunden zu integrieren.

Reiseindustrie:

Für Geschäftsreisende können via Web Services die Angebote verschiedener Anbieter wie zum Beispiel Fluggesellschaften, Hotelketten, Autovermietungen und Bahngesellschaften in einer Weise zu Angebotspaketen aggregiert und kombiniert werden, die automatisch die sich permanent ändernde Nutzerhistorie sowie aktiv eingegebene Präferenzen berücksichtigt.

Ersatzteillieferanten:

Weil Lieferanten in diesem Segment ihre Erzeugnisse oft über vielfältige Distributionspartner mit entsprechend unterschiedlichen Markennamen und Produktpräferenzen vertreiben, können Web Services die Anbindung derart unterschiedlicher E-Business-Sites an lieferantenspezifische Systeme deutlich vereinfachen.

Banken:

Wenn Privatkunden Kredite beantragen, setzen Banken im Prüfungs- und Genehmigungsverfahren unterschiedliche Datenquellen und Applikationen ein. Um es zum Beispiel örtlich verteilten Verkaufsrepräsentanten zu ermöglichen, dem Kunden umgehend konkrete Zu oder Absagen erteilen zu können, bietet sich in vielen Fällen die Verknüpfung entsprechender Systeme via Web Services an. In einem Portal können so kosteneffizient alle nötigen Informationen und Funktionalitäten bereitgestellt werden.

Versicherungen:

Wie kaum ein anderer Wirtschaftszweig stützt sich die Versicherungswirtschaft sowohl auf umfangreiche Kunden-, Markt- und Schadensdaten die zentral vorgehalten und analysiert werden, als auch auf ein weit verzweigtes, dezentrales Netz zum Teil unabhängiger Vertriebspartner, die sich um den direkten Kundenkontakt kümmern und über die letztlich die meisten Datenmodifikationen erfolgen. Da im Schadensfall weitere externe Kooperationspartner wie zum Beispiel Kfz-Gutachter, Ärzte oder Bausachverständige in einen idealerweise zügig abzuwickelnden Regulierungsprozess eingebunden werden müssen, bieten sich zahlreiche Schnittstellen- und Integrationsaufgaben, die mit Hilfe von Web Services gelöst werden können.

Kreditkartenzahlungssysteme:

Das Wissen, wie kreditwürdig ein spezifischer Privatkunde ist, können Kreditkartenanbieter via Web Services auf neue Art und Weise vermarkten. Dort, wo Datenschutzgesetze dies zulassen, können sie zum Beispiel Möbelhäusern vollautomatisch eine fundierte Entscheidungsgrundlage für die Frage bereitstellen, ob einem Kaufinteressenten der Möbelkauf auf Raten gewährt werden soll.

Logistik und Transport:

Viele Markenartikler verfügen über eigene Transportkapazitäten in Form mehr oder minder großer Lkw-Fuhrparks. Mangels Masse ergeben sich hier oft Leerfahrten – besonders auf dem Heimweg zur Fabrikationsstätte. Mit Hilfe von Web Services lässt sich hier ein loser Unternehmensverbund realisieren, der die freien Transportkapazitäten allen Verbundpartnern anbietet – stets in Echtzeit aktualisiert. Im Ergebnis können alle teilnehmenden Unternehmen ihre Fuhrparks und damit Kosten reduzieren.

Nahrungsmittelindustrie:

Die meisten Konzerne beziehen ihre Rohmaterialien und Vorprodukte von vielen verschiedenen Lieferanten. Doch oft mangelt es an einem direkten Leistungsvergleich, da die hierfür notwendigen Daten nicht zentral erfasst sondern in verschiedensten, lokalen Fabrikationsstätten vorgehalten werden. Mit Web Services lassen sich diese Informationen flexibel zusammenführen und zentral auswerten. Fallen hierbei einzelne Lieferanten als überdurchschnittlich unpünktlich oder anderweitig unzuverlässig auf, können – auf Basis solcher Benchmarkanalysen – sowohl Zentraleinkäufer als auch lokale Preisverhandlungen leichter günstigere Einkaufskonditionen durchsetzen.

Chemieindustrie:

Gerade in der Prozessfertigung werden Vorprodukte in unzähligen Variationen konfiguriert und weiterverarbeitet. Mit der informationstechnologischen Einbindung von Absatzhelfern, Vertriebspartnern und Großkunden, von denen Variantenanforderungen definiert und dem Produktionsunternehmen mitgeteilt werden, lässt sich der Produktionsprozess nachhaltig beschleunigen. Vor diesem Hintergrund bieten Web Services preiswerte und flexible Lösungen auch über den Bestand fester und langjähriger Partnerschaften hinaus.

11 Kosten und Risiken

Die Verheißungen der neuen Web Services Technologie sollten nicht dazu verleiten, zugehörige Kosten und Risiken zu unterschätzen. Denn eine intensivierte Vernetzung mit internen und externen Systemen und Nutzergruppen birgt per se die Gefahr, unerwünschten Eindringlingen zusätzliche Optionen zu eröffnen. Sicherheitsrelevante Architekturen spielen daher eine ebenso entscheidende Rolle wie die Auswahl eines Produktanbieters, der nachgewiesenermaßen überdurchschnittliche Sicherheitsstandards garantieren kann. Eine vergleichsweise weniger große, aber dennoch kostenwirksame Gefahr liegt im Einfallsreichtum beteiligter IT-Fachkräfte. Denn der Reiz, zusätzliche Funktionalitäten und Standarderweiterungen zu entwickeln, ist bei einer derart einfach zu handhabenden Technologie besonders groß. Schließlich ist die Technologie

- simpel genug, um von jedem Programmierer beherrscht zu werden,
- preiswert genug, um auch aus überschaubaren Budgets des mittleren Managements finanziert zu werden,
- universell genug, um sich potenziell für nahezu jede Applikation im Unternehmen anzubieten.

Sobald Web Services außerhalb der Firewall Zugriff auf interne Daten gestatten, sind zusätzliche Sicherheitsrisiken und Kosten zu berücksichtigen. Schon die Suche nach einem vertrauenswürdigen Partnerunternehmen, dem dieser Zugriff gestattet werden soll, kann zeitaufwendiger und kostenintensiver ausfallen, als zunächst geplant. In diesem Zusammenhang ist es nötig, dass das Unternehmensmanagement schon früh grundlegende Entscheidungen, Evaluationskriterien und -prozesse verabschiedet, mit deren Hilfe ein klares Konzept erstellt werden kann, um von Beginn an jene Geschäftsprozesse identifizieren zu können, die für bestimmte Registry-Arten in Frage kommen. Dabei sind folgende Registry-Speicherungen zu unterscheiden:

- Völliges Verbot der Nutzung von Web Services für bestimmte Prozesse,
- Ausschließlich unternehmensinterne Nutzung bestimmter Web Services, gegebenenfalls nur durch dedizierte Abteilungen,
- Nutzung nur durch bekannte, vertraglich gebundene Kooperationspartner,
- Freigabe für die Öffentlichkeit.

Während Web Services die Nutzung interner Daten und Systeme unter Beachtung dieser grundlegenden Entscheidungen für neue, externe Partner öffnen, kommt der Authentifizierung entsprechender Nutzer sowie der effizienten und sicheren Verwaltung sämtlicher Zugriffsrechte zunehmende Bedeutung zu. Teil III dieses Buches behandelt daher ausführlich das Thema „Identity Management".

Wie bereits erwähnt fallen über kurz oder lang weitere, zunächst nicht offensichtliche Kosten an, da nach und nach immer mehr Softwarepakete durch neuere Versionen ersetzt werden müssen, die inzwischen Web-Services-tauglich geworden sind. Es wäre daher naiv zu glauben, dass ein Unternehmen mit der Investition in ein erstes, wenn auch umfangreiches Web-Services-Projekt bereits den Großteil der anfallenden Kosten abgedeckt hätte.

Da der Nutzen von Web Services großteils auf der Flexibilität beruht, die sich aus den genutzten Standards ableitet, sollten Anwenderunternehmen hier äußerst vorsichtig und zurückhaltend agieren. Aus Managementsicht lohnt sich ein genauerer Blick auf Web-Service-bezogene Aktivitäten der IT-Mitarbeiter. Aber Vorsicht: Dies ist leichter gesagt als getan. Denn kleinere Web-Services-Aufgaben können von Programmierern innerhalb weniger Stunden gelöst werden und entgehen somit leicht dem kontrollierenden Blick des IT-Leiters, geschweige denn anderer Managementebenen. Für die oberste Unternehmensleitung ist es daher nicht immer leicht, einen realistischen Überblick über sämtliche Web-Services-Initiativen zu behalten. Viele Vorhaben werden entweder ohne Freigaben des Managements durchgeführt, oder aber die zugehörigen Informationen bleiben in unteren Managementebenen hängen. Damit aber birgt gerade die Vielzahl kleiner und mittlerer Implementierungen die Gefahr, dass – ohne entsprechende Regularien und Kontrollmechanismen – eigeninitiierte, redundante und nicht wiederverwertbare Arbeiten geleistet werden. Hier gilt es zwischen wünschenswerter, unbürokratischer Eigeninitiative der IT-Mitarbeiter und Wahrung der Effizienz einer IT-Abteilung abzuwägen. Darüber hinaus ist nur durch klare Arbeitsregelungen und -prozeduren die technische Qualität entsprechender Initiativen zu sichern. Von einigen IT-Leitern wird in diesem Zusammenhang noch immer die Komplexität der Qualitätssicherung unterschätzt. Ausgehend von der Einschätzung, man kenne sich mit Design Reviews gut genug aus, um auch Web Services beurteilen zu können, wird leicht vergessen, dass die Business-Logik der Web Services leicht von XML-, SOAP- oder WSDL-Schichten „überdeckt" wird. Oberflächliche Kontrollen nach „bewährter" Methodik reichen daher nicht aus. Geht man davon aus, dass Web Services für die IT eines Unternehmens eines Tages von zentraler Bedeutung sein werden, so sollten möglichst früh entsprechende Roadmaps und Architekturen entwickelt und top-down in das Unternehmen getragen werden. Nur so lässt sich vermeiden, dass später ein unbemerkt entstandener Wildwuchs kleiner Web-Services-Projekte kostenintensiv bereinigt werden muss, um Synergien sicherzustellen.

Wenig offensichtlich aber ebenfalls kritisch erscheint das Risiko fehlerhafter Verwendung der erstellten Web Services durch Fachabteilungen. Jede Kategorie bereitgestellter Daten kann mehr oder weniger richtig interpretiert und ausgewertet werden. Da Web Services zumindest in den ersten Jahren vorwiegend von Programmierern für Programmierer entwickelt werden, sollten Verständnisprobleme seitens der Fachabteilungen bereits bei der Erstellung antizipiert werden. Nur mit der engen Abstimmung und Verzahnung von Fach- und IT-Abteilung im Entwicklungsprozess ist sicherzustellen, dass korrekte Datenflüsse zu wirtschaftlich sinnvollen Aktivitäten führen. Ansonsten kann es kaum verwundern, wenn Fachabteilungen, die auf einfachste Weise zum Beispiel externe Partner an intern erstellte Web Services andocken lassen können, inhaltlich falsche Systemkoppelungen ermöglichen. Im Hinblick auf nachhaltige Qualitätssicherung ist auch darauf zu achten, dass jeder neu erstellte Web Service in einer Weise dokumentiert und erläutert wird, die für Fachabteilungen verständlich und nützlich ist. Technologische Fachbegriffe und Abkürzungen sollten in diesen Dokumenten nicht verwendet werden, da sie in den meisten Fällen lediglich zur Verwirrung des Fachabteilungsmitarbeiters beitragen.

Eine solche Endanwenderdokumentation entbindet selbstverständlich nicht von der Pflicht zu separaten, qualitätssichernden Dokumentationen unter rein technologischen Gesichtspunkten. Weitere Dokumente beziehungsweise Regularien sollten insbesondere im Hinblick auf die Koppelung mit externen Partnern erstellt werden. Je offener und großzügiger externen Unternehmen und Personen Verbindungen zu internen Systemen angeboten werden, desto größer ist die potenzielle Gefahr des Missbrauchs. Verantwortungsbewusste Unternehmen, die sich im Umgang mit Web Services noch nicht sonderlich sicher fühlen, werden ihre ersten Implementierungen daher lediglich für bewährte, vertrauenswürdige Partnerunternehmen öffnen oder aber die Nutzungsmöglichkeiten auf ohnehin öffentlich verfügbare, unkritische Daten beschränken. Koppelungsangebote an sämtliche, auch bisher unbekannte Partner und Kunden sollten erst dann ausgesprochen werden, wenn der Umgang mit Web Services bereits zur Routine geworden ist.

Damit wird offenbar, dass die leichte Beherrschbarkeit dieser Standardtechnologie nur relativ geringe und damit kaum offensichtliche Investitionsvolumina erfordert. Dennoch ist aber der interne Arbeitsaufwand nicht zu unterschätzen. Von den betroffenen Fachabteilungen, über Programmierer bis hin zum IT-Leiter sind die unterschiedlichsten Mitarbeitergruppen mehr oder minder einzubeziehen. Auch wenn die Kostenstruktur je nach geplantem Vorhaben sehr unterschiedlich ausfallen kann, so sind tendenziell diese internen Aufwendungen doch als der größte Kostentreiber anzusehen. Zugekaufte Dienstleistungen, die beispielsweise Prozessberater und IT-Architekten betreffen, resultieren oft im zweitgrößten Kostenblock, während reine Softwarelizenzen unter Kostengesichtpunkten erfahrungsgemäß eher in den Hintergrund treten.

Erste Erfahrungen bezüglich der Leistungsfähigkeit von Web Services zeigen, dass SOAP Schnittstellen zum Teil langsamer sind als herkömmliche Konnektoren. Dieser potenziellen Leistungslimitierung sollte bei frühen Implementierungen ebenso Rechnung getragen werden wie den möglichen Limitationen künftiger Skalierungsstufen, wie sie SOAP mancherorts zugeschrieben werden müssen.

12 Web Services verändern die Welt

12.1 Dienstleistungen werden handelbar!

Archäologen entdecken noch heute regelmäßig Erstaunliches über die Handelsbeziehungen unserer frühesten Vorfahren. Die Seidenstrasse ist nur ein Beispiel von vielen das belegt, wie intensiv der Mensch schon seit jeher über geographische und politische Grenzen hinweg Handel betrieben hat. Rohstoffe, Halberzeugnisse und Produkte wurden schon immer transportiert, bewertet und getauscht oder verkauft. Der globale Handel mit Dienstleistungen aber erreicht noch immer nicht auch nur annähernd die Bedeutung, wie sie dem Produkthandel beizumessen ist.

Wie also lässt sich das Handelsprinzip auf eine Zeit übertragen, in der das produzierende Gewerbe nur noch für einen vergleichsweise geringen Teil der gesamten volkswirtschaftlichen Wertschöpfung verantwortlich zeichnet? Schließlich werden in den USA heute rund 80 % des Bruttoinlandproduktes nicht mit der Herstellung von Fertigerzeugnissen, sondern durch Dienstleistungen erwirtschaftet. In anderen Industrienationen bietet sich ein zumindest ähnliches Bild. Die Beantwortung dieser Frage birgt somit das Potenzial umfassender Umwälzungen in der Weltwirtschaft.

Was die Handelbarkeit von Dienstleistungen anbelangt so war es bisher meist erforderlich, dass Anbieter und Kunde eine gewisse räumliche Nähe zueinander aufwiesen. War dies nicht direkt gegeben, so musste die Distanz irgendwie überbrückt werden: Durch die Eröffnung ausländischer Tochtergesellschaften, die Akquisition internationaler Partner oder aber durch die zumindest temporäre Entsendung entsprechender Leistungsträger in die Zielregion des Kunden.

Was also steht dem internationalen Handel mit Dienstleistungen entgegen. Am Beispiel "Beratungsleistungen" lässt sich eine Annäherung an die Antwort erzielen. In diesem Zusammenhang sind Dienstleistungen gemeint wie zum Beispiel Buchhaltung, Wirtschaftsprüfung, Steuerberatung, Systementwicklung und -integration, Rechtsberatung, Werbe- und Marketingberatung, Personalberatung und Forschungsdienstleistungen.

Etwas vereinfachend sind hier vorwiegen drei Hemmniskategorien zu nennen:

- Informationsbezogene Hürden,
- Interpersonale Kommunikationsbarrieren,
- Regulatorische Hindernisse.

Informationsbezogene Hürden können sich hierbei auf so unterschiedliche Aspekte beziehen wie beispielsweise Kenntnisse der lokalen Wirtschaftssituation, das Wettbewerbsumfeld, unternehmensinterne Leistungsdaten etc.

Interpersonale Kommunikationsbarrieren umfassen sowohl den – auch telefonisch abzudeckenden – Gesprächsbedarf zwischen Auftraggeber und Lieferant, als auch die Wahrnehmung nicht ausgesprochener, eher körpersprachlich ausgedrückter Empfindungen lokaler Kunden.

Regulatorische Hindernisse wiederum beinhalten das gesamte Spektrum legislativer, juristischer und sonstiger Regelwerke, die beim globalen Handel meist zwischen Anbieter- und Nachfragerland mehr oder minder signifikante Unterschiede aufweisen.

Telekommunikations- und Informationstechnologie aber beeinflusst zumindest eine dieser Hemmniskategorien zusehends: informationsbezogene Hürden. Denn ein Berater, der am Wochenende einen Segeltörn auf dem Mittelmeer unternimmt, kann problemlos von seinem Kunden angerufen und um Rat gefragt werden, der zum selben Zeitpunkt ein Tankschiff im pazifischen Ozean steuert. Electronic Data Interchange (EDI) und Internet machen es zudem möglich, Daten und Informationen in Echtzeit rund um den Globus zu verteilen. Allerdings setzen hier proprietäre Systeme und unterschiedliche Daten- und Kommunikationsstandards der schönen neuen Welt vielerorts noch enge Grenzen. Technologische Möglichkeiten werden durch babylonisches Chaos ausgebremst.

Web Services jedoch bieten erstmalig die Chance, dieses Chaos zu ordnen und endlich eine einheitliche „Sprachregelung“ zu finden. Denn inzwischen hat sich quasi die gesamte Softwareindustrie darauf verständigt, für Web Services auf einheitliche Standards zurückzugreifen. In der Konsequenz darf also damit gerechnet werden, dass Web Services die internationale Datenkommunikation massiv weiterentwickeln und damit letztlich zu einer Forcierung des globalisierten Wirtschaftens führen werden. Doch dies ist noch immer Zukunftsmusik. Wie gesagt: Die ersten Schritte auf dem Siegeszug der Web Services werden nicht auf interkontinentalem Parkett unterschiedlicher Volkswirtschaften, sondern in erster Linie innerhalb großer Unternehmungen unternommen werden.

12.2 Unternehmensfusionen bekommen eine Richtung

Wie im ersten Teil dieses Buches beschrieben, ermöglicht Collaborative Business die Konzentration auf eigene Kernkompetenzen sowie das Outsourcing anderer, nicht zum Kerngeschäft zählender Geschäftsprozesse. Gerade in wirtschaftlich dynamischen Umfeldern bieten Web Services hier neue Möglichkeiten. Eignen sich entsprechende Konzepte also zum Beispiel auch für den sich täglich ändernden Markt für Personal Computer (PC)? Schließlich sieht sich der Beschaffungsbereich eines PC-Herstellers ständig wechselnden Bedingungen ausgesetzt. Einkaufspreise für PC-Komponenten verändern sich quasi stündlich. Was heute noch teuer war, kann bereits morgen im Preis drastisch gesunken sein. Produzenten, die Vor- oder Endprodukte in Lagern bevorraten, müssen daher stets erhebliche Abschreibungen in Kauf nehmen.

Kein Wunder also, dass sich der im Jahr 2002 erfolgreichste PC-Hersteller, Dell, schon früh auf seine Kernkompetenzen besann und sich dem Collaborative Business verschrieb. Durch die enge Koppelung mit Lieferanten und deren Lieferanten wurden nicht nur die eigenen Lagerbestände minimiert. Entlang quasi der gesamten Beschaffungskette machten sich entsprechende, die Kosteneffizienz steigernde Effekte bemerkbar. Heute bilden Web Services, die über Dells Extranet bereitgestellt werden, das technologische Fundament für diese Zusammenarbeit. Nicht nur Dells eigene Produktionsprozesse, auch die seiner Lieferanten können sich quasi in Echtzeit an der Endkundennachfrage orientieren. Deutlich beschleunigte Abstimmungsprozesse machen inzwischen große Teile der Lagerbestände, über die früher kurzfristige Nachfrageschwankungen ausgeglichen werden mussten, schlichtweg überflüssig. Und weil Web Services dies ermöglichen ohne sonderlich aufwendige IT-Integrationsarbeiten zur Anbindung unterschiedlichster Partnerunternehmen zu erfordern, kann das Partnerportfolio stets dem dynamischen Marktumfeld angepasst werden.

Wenn nun Web Services dazu beitragen, dass Unternehmen sich noch stärker als bisher auf ihre Kernprozesse konzentrieren, andere Prozesse aber auslagern, könnte dies theoretisch zu einer Fragmentierung des Marktes führen. Man könnte annehmen, dass selbst große Unternehmen hierdurch kleiner werden müssten, da sie ja einen bestimmten Teil ihrer bisherigen Geschäftstätigkeit nach außen abgeben.

Allerdings führt diese Entwicklung gleichzeitig zu einem zweiten, dem ersten Effekt entgegenwirkenden Trend. Denn wer sich auf seine Kernkompetenzen konzentriert hat gute Chancen, hier besonders effizient arbeiten zu können. In einer – dem Collaborative-Business-Gedanken folgenden – prozessual zunehmend arbeitsteiligen Welt dürfte er aus der Sicht anderer Unternehmen damit an Attraktivität gewinnen, zum Outsourcing-Partner zu avancieren. Wer nämlich ähnliche Prozesse abarbeiten muss, diese aber nicht zu den eigenen Kernkompetenzen zählt, wird geneigt sein, einen hierauf spezialisierten Outsourcing-Partner zu finden. Bietet das auf seine Kernkompetenzen fokussierte Unternehmen die Abarbeitung entsprechender Geschäftsprozesse via Web Services auch anderen Organisationen an, so dürfte dies somit zu einer Kumulation ähnlich gelagerter Arbeiten führen. Dieser Kumulationstrend wirkt direkt dem erstgenannten Fragmentierungstrend entgegen.

Wenn dem so ist, dann dürfte der alte Ökonomenstreit darüber, ob vertikal orientierte Unternehmensfusionen oder aber horizontale Kumulationsbestrebungen sinnvoller sind, eine recht eindeutige Tendenz bekommen: Jede Entwicklung,

- die eine prozessuale Koppelung und Koordination mit Partnerunternehmen entlang der (vertikalen) Wertschöpfungskette erleichtert,
- welche die durch Interaktion mit vor- oder nachgelagerten Stufen resultierenden Transaktionskosten verringert,
- und die dabei feste Koordinationsmechanismen wie zum Beispiel gemeinsame Aufbauorganisationen überflüssig macht,

vermindert tendenziell die Attraktivität vertikaler Fusionen. Gleichzeitig fördern Entwicklungen die es erleichtern, Geschäftsprozesse einer bestimmten Wertschöpfungsstufe für mehr Kooperationspartner als bisher anbieten zu können, horizontale Konzentrationstendenzen. Auf Web Services treffen beide Beschreibungen zu. Sie sind damit potenziell dazu geeignet, den oben skizzierten Streit der Lehrmeinungen und daraus resultierende wirtschaftliche Entwicklungen in Richtung horizontaler Konzentrationserscheinungen zu beeinflussen.

Mikroökonomen könnten nun argumentieren, dass dieser Konzentrationstrend das unternehmerische Risiko einzelner Firmen erhöhen wird, da sie nunmehr „alles auf eine Karte" setzen müssen. Allerdings sind auch hier Entwicklungen festzustellen, die dieser Gefahr entgegenwirken. So erhöht die Konzentration auf Kernkompetenzen in der oben skizzierten Form den spezifischen Marktanteil eines Unternehmens. Damit ist es weniger angreifbar – sowohl existierenden Wettbewerbern gegenüber aus auch hinsichtlich neuer Markteintritte. Und weil das betreffende Unternehmen seine prozessbezogenen Kompetenzen via Web Services nun auch Vertretern anderer Branchen anbieten kann, lassen sich Nachfrageschwankungen des eigenen Wirtschaftszweiges leichter abfedern. Beide Entwicklungen, Steigerung des Marktanteils und Entkoppelung vom bisherigen Branchenrisiko, sind offensichtlich Einflussfaktoren, die ein Unternehmen langfristig stabilisieren und damit die Fähigkeit zur Innovation fördern. Die positiven Auswirkungen auf die Zukunftsaussichten der betreffenden Firma liegen auf der Hand.

Neben dieser horizontalen Konzentrationstendenz sind Web Services in einer zweiten Weise dazu geeignet, die Kräftebündelung am Markt zu forcieren. Denn bisher führen viele Unternehmensfusionen nicht zu der beabsichtigten Wertsteigerung. Oft scheitern sie gar gänzlich. Einer der wesentlichen Gründe, die als hierfür ursächlich angesehen werden müssen, leitet sich aus den Schwierigkeiten bei der Integration heterogener IT-Landschaften ab, wie sie beim Zusammenschluss verschiedener Unternehmen notwendig wird. Web Services können hier kostengünstigere Brücken bauen, als es traditionellen Verfahren möglich ist. Mittelfristig dürften sie das Fusionsfieber daher eher erhöhen als absenken.

12.3 Virologische Prozessexternalisierung

Am Anfang der eben skizzierten Entwicklung steht eine Frage, die sich vor dem Hintergrund der aufkommenden Web-Services-Technologie noch mehr Unternehmen stellen, als jemals zuvor: Welche Geschäftsprozesse können nun anderen Unternehmen übertragen werden, welche Leistungen sollen weiterhin innerhalb der eigenen Organisation erbracht werden? Je mehr Unternehmen ihr Marktverhalten in diesem Sinne überdenken, desto umwälzender wird sich die Weltwirtschaft, wie wir sie heute kennen, verändern. Auch wenn der Begriff „Strategie" heutzutage inflationär und meist in sinnentfremdeter Weise verwendet wird, im Zusammenhang mit dieser Fragestellung ist er mehr als angebracht. Denn die erforderlichen Antworten definieren, welche Märkte in Zukunft bearbeitet werden sollen, welche Kräfteallokation zu welchem Zeitpunkt entlang des Transformationsprozesses wünschenswert erscheint, welche alten Partnerschaften obsolet werden und welche neuen Kooperationsvereinbarungen wann geschlossen werden müssen. Kurz: Welche Leistung soll wem angeboten und auf welche Weise erbracht werden? Und dies alles in einem äußerst unsicheren Marktumfeld, das unternehmerische Entscheidungen, die ausschließlich auf der Analyse vergangenheitsbezogener Daten beruhen, mit großer Wahrscheinlichkeit als Fehlentscheidungen entlarven wird: Das Verhalten der Wettbewerber, potenzieller Partner und nicht zuletzt der Kunden kann in einer sich derart grundlegend verändernden Geschäftswelt nur erahnt, nicht aber mit Sicherheit prognostiziert werden.

Aufgrund der im ersten Teil dieses Buches dargelegten Ursachen für Collaborative Business zeichneten sich in den vergangenen Jahren auch ohne das Zutun von Web Services nachhaltige Entwicklungen in Richtung der Prozessexternalisierung ab. Web Services werden diesen Trend noch verstärken, weil sie die koordinierende Interaktion mit Partnerunternehmen vereinfachen. Produktionsprozesse werden ausgelagert und auf Lieferanten übertragen – in der PC-Industrie ebenso wie im Automobilbereich. Denn schon heute erledigen teilweise die Mitarbeiter von Lieferanten die Endmontage der von ihnen gelieferten Komponenten. Der Automobilkonzern kann sich im Produktionsprozess auf die Bereitstellung der Fabrikationsstätten sowie auf die kontrollierende Koordination verschiedener, die Fahrzeuge zusammenbauender Systemlieferanten konzentrieren.

Aufgaben der Personalverwaltung, der Gehaltsabrechnung, des Fuhrparkmanagements, der Gebäudeverwaltung, ja selbst der Rechnungserstellung sowie der Steuerung von Kundenzahlungsströmen werden bereits heute ausgelagert. Dieser Trend umfasst inzwischen also auch typische Back-

Office-Aufgaben. Kein Zweifel: Web Services schaffen hier keinen Trend, sie beschleunigen ihn nur um ein Vielfaches und machen ihn übertragbar auf neue Gebiete unternehmerischen Handelns. Fixkosten werden zunehmend durch variable Kostenblöcke ersetzbar.

Die Vorteile einer fortschreitenden Prozessexternalisierung gilt es allerdings gegen den zunehmenden Koordinationsaufwand abzuwägen, der durch die regelmäßige Interaktion mit externen Prozess-Partnern entsteht. Wie bereits detailliert erläutert erleichtern hier Web Services die anfallenden Aufgaben. Darüber hinaus bieten Erfahrungen und Systeme aus dem Bereich Customer Relationship Management wertvolle Hilfestellungen. Denn sowohl bei Kundenbeziehungen als auch bei Outsourcing-Partnern geht es um die Steuerung von und die Kommunikation mit unternehmensexternen Subjekten.

Ungeachtet des Startpunktes intensiver Web-Services-Nutzung – unternehmensintern oder im Sinne der Upstream- oder Downstream-Kollaboration – wird diese Technologie quasi von selbst eine Eigendynamik zur weiteren Ausbreitung entwickeln. Ein Beispiel aus dem Verkehrswegebau verdeutlicht diese Entwicklung: Wenn im dicht besiedelten Mitteleuropa eine neue Autobahn gebaut wird, so zieht sie nicht nur das vorher ermittelte, als Begründung für Ihren Bau verwendete ursprüngliche Verkehrsaufkommen zwischen A und B auf sich. Sie schafft zusätzliche Nachfrage. Denn plötzlich rücken Zielorte in erreichbare Nähe, die vorher – zum Beispiel für einen Wochenendausflug – schlicht zu weit entfernt waren. Nur durch die Existenz des neuen Verkehrsweges kommen viele Autofahrer auf den Gedanken, eine Reise in die entsprechende Richtung, zum Beispiel von A über B hinaus nach C zu unternehmen. Diese Entwicklung führt dazu, dass am Endpunkt der Autobahn in B plötzlich Staus entstehen, weil das Verkehrswegenetz zwischen B und C nicht für dieses höhere Verkehrsaufkommen ausgelegt ist. Die Versuchung, den Autobahnausbau alsbald auch über B bis C hinaus auszuweiten, liegt nahe. Eine neue Iteration im Ausbau beginnt.

Prozessexternalisierungen, die sich erst durch Web Services wirtschaftlich sinnvoll realisieren lassen, weisen ähnliche Charakteristika auf. Wurden erst einmal Lieferanten eng eingebunden, die nun ehemals unternehmensinterne Prozesse übernehmen, so entsteht bald der Wunsch, auch die Produktion und schließlich die Kunden enger miteinander zu verknüpfen.

Neue Chancen, zusätzliche Teilprozesse auszulagern, entstehen dabei quasi von selbst. Als ob das Unternehmen mit einem Virus infiziert worden wäre entledigt es sich einer zunehmenden Zahl auslagerbarer Prozesse, bis schließlich nur noch die wertschöpfendsten, aus den Kernkompetenzen resultierenden Geschäftsprozesse übrig geblieben sind. Eine solchermaßen virologische Prozessexternalisierung führt letztlich zu einer gesteigerten Wertschöpfung. Auch wenn in der Realität dieses Ziel zunächst nur selten erreicht werden wird – den meisten Viren stellen sich mächtige Kräfte entgegen – so dürften Web Services doch zumindest als ein wesentlicher Einflussfaktor gelten, der in diese Richtung wirkt.

12.4 Web Services – ein weiterer Schritt zur automatisierten Weltwirtschaft?

In dem Maße, wie menschliche Eingriffe bei der Knüpfung, Formung und Beendigung intermaschineller Kommunikation und Interaktion reduziert und überflüssig wird, steigt das Potenzial zur selbstgetriebenen Weiterentwicklung IT-basierter Geschäftsprozesse. Ein Blick in die fernere Zukunft wirft somit die Frage auf: „Nachdem Roboter einen guten Teil manueller Tätigkeiten ersetzt haben, welchen Anteil geistiger Arbeit wird durch IT überflüssig werden?"

Bereits für das Jahr 2012 scheint es jedenfalls sehr realistisch zu sein, dass E-Business nicht mehr allein durch Menschen betrieben wird, die mit Hilfe von IT-Systemen miteinander kommunizieren. Software-Objekte werden – mit den Entscheidungspräferenzen der von ihnen repräsentierten natürlichen oder juristischen Personen gespeist – untereinander Preise, Lieferbedingungen und Qualitätsmerkmale aushandeln, Kaufverträge abschließen und Produktionsprozesse in Gang setzen. Auch wenn die letztendliche Verantwortung für die von diesen elektronischen Werkzeugen abgeschlossenen Transaktionen auf absehbare Zeit bei den von ihnen repräsentierten Personen liegen wird, so markiert dieser Trend doch eine weitere Entwicklungsstufe auf dem Weg zur automatisierten Weltwirtschaft (Automated World Economy, AWE).

Basierend auf den bereits heute verfügbaren Programmen zum automatisierten Preisvergleich homogener Güter wird die nächste Generation dieser Technologie bereits über Funktionalitäten verfügen, die eine automatisierte

Verhandlung von Preisen und anderen Konditionen ermöglichen. Entsprechende Softwaremodule zusätzlich mit der regelbestimmten Option zu eigenständigen (Kauf-) Entscheidungen auszustatten, scheint eine geradezu zwangsläufige Weiterentwicklung zu sein. Wenn solche Technologien schließlich eine weltweite Verbreitung gefunden haben werden, dürfte der bereits skizzierte, nächste Schritt zur AWE nicht mehr weit sein. Dabei wird es keine zentrale Systemsteuerung geben, alle Daten werden dezentral vorliegen. Parallele, gleichzeitige und asynchrone Berechnungen der unzähligen, oben angeführten Software Objekte werden zu einem weitaus transparenteren Wettbewerb führen, als wir ihn heute kennen. Die Prämisse des „Subjektiven Optimums", bei dem ein Mensch basierend auf den ihm vorliegenden, begrenzten Informationen entscheidet, wird für solchermaßen automatisiert verhandelte Geschäftsentscheidungen nicht mehr zutreffen. Je mehr Systeme an diesem Prozess beteiligt sein werden, desto umfassender wird sich dieser Wandel bemerkbar machen. Solchermaßen vereinfachte, flexiblere und beschleunigte Entscheidungen werden neue Geschäftsmodelle entstehen lassen und neuartige Märkte, Organisationsformen und Unternehmen erzeugen. Transaktionskosten lassen sich hierbei drastisch reduzieren. Die ersten Auswirkungen dieser Entwicklung werden wir aber sicher in Form geänderter Kontrollmechanismen für Geschäftsprozesse und anhand optimierter Steuerungsmöglichkeiten für verteilte beziehungsweise virtuelle Unternehmen bemerken. Gerade in sich dynamisch und schnell verändernden Branchen bieten sich hierbei nachhaltige Verbesserungspotenziale.

Alle diese Versprechungen aber müssen im Reich der Vision verbleiben, wenn nicht ausreichend viele Komponenten miteinander kommunizieren können, wenn der Zugang zu Legacy Systemen, Datenbanken, elektronischen Katalogen, E-Marktplätzen und Auktionssites nicht auf flexible Art und Weise hergestellt werden kann.

Genau hier setzen Web Services an. Sie erzeugen somit ein tragfähiges Fundament, auf dem sich radikale Umwälzungen erzeugen lassen die selbst dann noch zu spüren sein werden, wenn die heute gerade erst entstehenden Web Services schon längst zum Antiquariat vergangener IT-Epochen gehören werden.

Wird diese Vision zur Realität? Der Mensch entscheidet. Noch!

Teil III: Identity Management

13 Definition: Identitäten

Nachdem in Teil I dieses Buches der steigende Zwang zu Collaborative Business dargelegt wurde und Teil II die zugehörigen Chancen und Limitationen von Web Services erläuterte, ist es nun an der Zeit, aus operativer Sicht ein Unterthema dieser Entwicklung zu beleuchten, das für ein effizientes und vor allem sicheres Wirtschaften unter diesen neuen Rahmenbedingungen zwingend notwendig ist: Identity Management.

Denn je mehr Zugriffsrechte für die verschiedensten Identitäten und Systeme vergeben werden sollen, desto wichtiger wird es, zwischen freiem Informationszugang und strikter Kontrolle abzuwägen und einen sicheren Mittelweg zu finden. Jedes Web-Services-Projekt ist daher auch gleichzeitig ein Identity-Management-Projekt.

Zur Diskussion dieses Themas gilt es, den Begriff Identität (Identity) als Identifizierungsmerkmal zu definieren, das in einem IT-System vorgehalten oder einem solchen System präsentiert wird, um eine Person oder ein Objekt zu identifizieren. Demzufolge kann jede Person über verschiedene Identitäten verfügen – je nach Anzahl der genutzten Systeme und abhängig von den verschiedenen Rollen, die zum Beispiel ein Angestellter einer Firma einnimmt. Grundsätzlich aber beschränken sich die Herausforderungen des Identity Management nicht nur auf die Mitarbeiter von Unternehmen. Im Wesentlichen beziehen sie sich auf folgende Nutzerkategorien:

- Kunden-Identitäten,
- Mitarbeiter-Identitäten,
- Partner-Identitäten.

Hinzu kommen oftmals weitere Nutzerkategorien, wie zum Beispiel Investoren, Analysten, Pressevertreter und andere Nutzergruppen, die mit den ihnen erteilten, individuellen Nutzungsrechten Zugriff auf ausgewählte Applikationen und Informationen eines Unternehmens haben können.

Beispiel Kunden-Identitäten:

Ein einziger Kunde kann in der Beziehung zu einem Kreditinstitut vielfältige Rollen und damit Identitäten annehmen. Er verfügt möglicherweise gleichzeitig über ein Sparbuch und ein Girokonto, betreibt ein Aktiendepot und tilgt monatlich einen größeren Kredit. Für jede Transaktion, die eines dieser Bankprodukte betrifft, muss er sich neu identifizieren und seine Zugangsberechtigung nachweisen. Da inzwischen verschiedenste Interaktionskanäle zur Verfügung stehen, die oft unterschiedliche Identifikationsmethoden vorsehen, kann selbst in diesem einfachen Alltagsbeispiel eine große Zahl an Zugangsidentitäten entstehen, die es zu verwalten gilt: Am Geldausgabeautomaten benötigt der Kunde die PIN-Nummer seiner Kundenkarte, während der Zugang zum selben Konto über das Call-Center der Bank mit Hilfe einer hiervon abweichenden Geheimnummer erfolgt. Will der Kunde über das Internet auf dieses Girokonto zugreifen, benötigt er nochmals andere Passwörter und IDs. Bei schriftlichen Banküberweisungen wiederum gilt die Unterschrift des Kunden als Zugriffsberechtigung.

Beispiel Mitarbeiter-Identitäten:

In der heutigen Arbeitswelt verfügt jeder Mitarbeiter in Abhängigkeit von seiner jeweiligen Aufgabe und Rolle über unterschiedlichste Zugangs- und Zugriffsberechtigungen und -anforderungen. So sind beispielsweise elektronische Zugangskarten weit verbreitet, die im Bürogebäude bestimmte Eingangstüren öffnen, andere – zum Beispiel jene zur Vorstandsetage – aber nicht. Zugriffsrechte für Computersysteme, Telefonanlagen, ERP- und CRM-Systeme sind ebenso zuzuteilen und zu managen wie die Administratorenrechte für das Intranet, Extranet, Internet, etc. Ändern sich – zum Beispiel durch eine Beförderung – Aufgaben und Pflichten eines Mitarbeiters, so müssen meist zahlreiche Zugriffsrechte verändert, erneuert oder eliminiert werden. Neu eingestellte Mitarbeiter sollten möglichst schon am ersten Arbeitstag über alle erforderlichen Identitäten verfügen, während Personalabgänge umgehend ihre entsprechenden Rechte verlieren sollten, um nicht noch nachträglich wirtschaftlichen Schaden anrichten zu können.

Beispiel Partner-Identitäten:

Für Lieferanten, Abnehmer und andere Geschäftspartner gilt Ähnliches. Nur dass in diesem Bereich besonders häufig Modifikationen notwendig sind. Denn hier bestimmen gleich zwei wesentliche Variablen das Management der Identitäten, die zum Beispiel im Supply-Chain- oder Collaborative-Business-Zusammenhang permanent angepasst werden müssen: Basierend auf der Rolle der jeweiligen Person und – wichtiger noch – abhängig vom gegenwärtigen Status der Unternehmenspartnerschaft sind mehr oder weniger tiefgreifende Zugriffsrechte auf Extranet-Sektionen zu erteilen oder zu verweigern.

Bezogen auf jeden einzelnen Menschen kann dies bedeuten, dass er über eine Vielzahl von Identitäten verfügt, die gleichzeitig seine Pflichten und Rechte folgender Szenarien regeln:

- Mitarbeiter eines Unternehmens,
- Lieferant eines Kundenunternehmens,
- Kunde eines Lieferantenunternehmens,
- Absatzhelfer eines Partnerunternehmens,
- Privatkunde eines Fremdunternehmens,
- Steuerzahler und Bürger einer Gemeinde, eines Bundeslandes beziehungsweise eines Staates,
- Mitglied von Organisationen, Vereinen, Parteien,
- Etc.

Somit ergeben sich sowohl aus Sicht einer Person als auch aus der Perspektive eines Unternehmens unterschiedliche Bedürfnisse und Zielsetzungen, die mit dem Thema „Identity Management" verbunden sind. So wird ein Mensch meistens Wert darauf legen, dass er selbst die Kontrolle über seine verschiedenen Identitäten ausüben kann. Damit korrespondiert in vielen Fällen der Wunsch, persönliche Informationen, die mit einer Identität verbunden sind, vertraulich zu halten. Darüber hinaus liegt es im Interesse einer Person, ihre Identitäten effizient zu verwalten und mit Hilfe individueller, personalisierter (IT-) Dienste möglichst wirksam zu nutzen.

Unternehmen wiederum legen besonderen Wert auf eine effiziente Verwaltung und Steuerung der Identitäten, um weitreichende Prozessoptimierungen und Effizienzpotenziale realisieren zu können. Des Weiteren sind Sicherheitsaspekte von entscheidender Bedeutung, die untrennbar mit Identitäten und Zugriffsrechten verbunden sind. Immer wichtiger werden für Unternehmen auch Mobilitätsaspekte, da sämtliche identitätsbezogenen Gesichtspunkte in zunehmendem Maße auch für eine mobile Mitarbeiterschaft relevant werden, die sich über unterschiedlichste Endgeräte und Kanäle Zugang zu Daten und Systemen verschafft. Entsprechende Prozesse müssen aus Unternehmenssicht auf eine Weise verwaltet werden können, mit der garantiert werden kann, dass beim Gebrauch der unzähligen Identitäten unternehmensinterne und gesetzliche Regelungen nachweislich eingehalten werden.

Identity Management lässt sich somit als eine Kombination aus Prozessen und Technologie definieren, mit der sich der Zugriff auf Informationen und andere Ressourcen einer Organisation sicher und kontrolliert steuern lässt, wobei gleichzeitig die Profile der Nutzer geschützt bleiben. Identity Management befasst sich demzufolge damit, Personen, Sachen, Orten oder anderen Objekten Identitäten zuzuordnen sowie diesbezüglich relevante Informationen zu speichern und über standardisierte Schnittstellen zugänglich zu machen. Damit wird es möglich, Beziehungen zwischen Ressourcen und anderen Objekten in vordefinierter Art und Weise zu steuern.

Prozessseitig ist unter anderem festzulegen, wer unter welchen Umständen welche Ressourcen in welcher Weise nutzen darf. Dies schließt die Definition der Administrierungspunkte mit ein die festlegt, wer welche Nutzungsrechte modifizieren darf.

Um einem Menschen die betreffenden Identitäten zuordnen zu können, werden verschiedenste Identifikationsmethoden eingesetzt. Neben den klassischen, in obigen Rollenbeispielen aufgeführten Methoden erobern sich hier biometrische Verfahren einen immer bedeutenderen Platz. Für die nähere Zukunft lassen besonders die folgenden Verfahren interessante Entwicklungen erwarten:

- Fingerabdruckerkennung: Schon vor Jahrtausenden nutzte der Mensch die Einzigartigkeit menschlicher Fingerabdrücke zu Identifikationszwecken. Scanner erlauben heute die Koppelung entsprechender Erkennungsmethoden mit IT-Systemen und liefern oft extrem geringe Fehlerraten. Allerdings lassen sich einige Geräte leicht überlisten, in dem beispielsweise ein auf Klebeband „gespeicherter" Fingerabdruck einer fremden Person erfolgreich genutzt werden kann, um sich unbefugterweise Zugriffsrechte zu ergaunern.

- Handgeometrieerkennung: Scanner, mit denen die Handgeometrie von Personen schnell erfasst und mit gespeicherten Mustern verglichen werden kann, kamen bereits bei Olympischen Spielen zum Einsatz.
- Gesichtserkennung: Durch die Vermessung von Gesichtsmerkmalen, wie beispielsweise Augen, Mund und Nase lassen sich zumindest theoretisch recht zuverlässige Identifizierungsdaten erfassen. Heute verfügbare Systeme liefern aber noch sehr heterogene Erfolgsraten.
- Thermogramm: Da Blutadermuster im menschlichen Gesicht in sehr charakteristischer Form auftreten, können die daraus resultierenden Wärmeverteilungen mit Hilfe von Thermographieverfahren zur Identifikation verwendet werden.
- Iris- und Retinaerkennung: Scanner ermitteln charakteristische Merkmale der Iris oder der Netzhaut eines menschlichen Auges, um die ermittelten Daten mit sehr geringen Fehlerraten einer bestimmten Person zuzuordnen.
- Stimmerkennung: Bekannt aus vielen Filmen leidet diese Methode noch immer an höheren Fehlerraten als so manches andere biometrische Verfahren.
- DNS-Erkennung: Bisher sind erst recht langwierige, dafür aber sehr zuverlässige, auf der menschlichen Erbsubstanz basierende Analyseverfahren im Einsatz, die vorwiegend in der Rechtsmedizin angewendet werden. An schnelleren ad hoc Verfahren wird aber bereits gearbeitet.

14 Umfang des Identity Managements

Da der Begriff „Identity Management“ vielfach in seiner Bedeutung unterschätzt und als untergeordnete Aufgabe dargestellt wird, soll zunächst eine altbekannte Anekdote dabei helfen, die scheinbar so kleine und unbedeutende Aufgabe effizienten Identity Managements aus ihrem doch so abstrakt anmutenden Gewand zu befreien und in ihrer wahren Tragweite „begreifbarer“ zu machen.

In vielfältigen Variationen erzählen sich Schachfreunde immer wieder die Geschichte des Großwesirs, dessen König ihn – trotz zunächst heftigen Widerstandes – für seine treuen Dienste und klugen Ratschläge belohnen wollte. Schließlich willigte dieser Mann dann doch ein, eine von ihm selbst festzusetzende Belohnung anzunehmen. Und, bescheiden wie er war, klang sein Wunsch denn auch alles andere als komplex, aufwendig und teuer. Er wünschte sich nichts weiter als Reis. Die Menge sollte sich nach den 64 Feldern des vom König so geliebten Schachspiels berechnen: Ein Korn für das erste Feld, zwei Reiskörner für das zweite, vier für das dritte und so weiter. Die Menge sollte sich von Feld zu Feld verdoppeln, bis schließlich das letzte der Schachbrettfelder erreicht würde. Freudig willigte der König ein. Und beschloss damit seinen unweigerlichen Ruin. Denn was auf den ersten Blick so bescheiden und einfach zu bewältigen aussah, war nichts anderes als die Forderung nach der ungeheuerlichen Summe von 18.446.744.073.709.600.000 Reiskörnern. Geht man davon aus, dass 23.700 Körner der betreffenden Reissorte ein Kilogramm wiegen, so entspricht dies 778.343.631.802 Tonnen Reis. Glaubt man amtlichen Statistiken die davon sprechen, dass weltweit auf einer Anbaufläche von 1.490.000 Quadratkilometern pro Jahr 375 Millionen Tonnen Reis produziert werden, müsste man zur Produktion der vom König zugesagten Menge ganz Europa mit seinen zehn Millionen Quadratkilometern für über 300 Jahre komplett zum Reisanbaugebiet erklären, um die Zusage des Königs zu erfüllen.

Ähnlich überraschend groß wird die scheinbar so einfache Aufgabe des Identity Managements bei genauerer Betrachtung – besonders vor dem Hintergrund des durch Web Services künftig selbstverständlichen C-Businesses. Denn ähnlich wie im Schachbeispiel potenzieren sich die identitätsbezogenen Aufgaben durch die aktuellen Entwicklungen ebenfalls zu einer enormen Arbeits- und damit Kostenbelastung für jedes größere Unternehmen. Um die Aufgabe annähernd korrekt abschätzen zu können, müssen folgende Multiplikatoren miteinander verrechnet werden:

- Nutzerkategorien,
- Anzahl der Rollen je Nutzerkategorie,
- Anzahl der Identitäten je Rolle,
- Anzahl der durchzuführenden Aktivitäten je Identität.

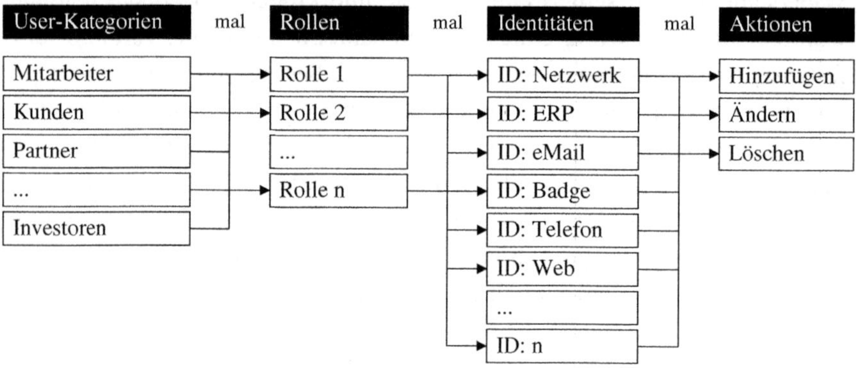

Abbildung 13. Multiplikatoren der Identity-Management-Aufgaben

Nutzerkategorien (User-Kategorien)

Gerade durch C-Business und den Einsatz von Web Services steigt die Anzahl der Nutzerkategorien enorm an, die zumindest partiellen Zugriff auf die Systeme eines Unternehmens haben. Dies schließt die Mitarbeiter und Kunden einer Firma ebenso mit ein, wie zum Beispiel Partnerunternehmen und Investoren.

Anzahl der Rollen je Nutzerkategorie

Je Nutzerkategorie existiert eine unterschiedlich große Zahl an Rollen, die wiederum für eine jeweils spezifische Anzahl an Systemen beziehungsweise Systemkomponenten Zugriffsrechte benötigen. Aus der Nutzerkategorie „Mitarbeiter" nutzt ein Vertreter der Personalabteilung beispielsweise gänzlich andere Systeme, als ein Mitarbeiter in der Entwicklung, im Einkauf, in der Produktion oder im Vertrieb. Zugriffsrechte müssen also je vorhandener Rolle individuell zusammengestellt, erteilt und verwaltet werden.

Anzahl der Identitäten je Rolle

Schon ein oberflächlicher Blick in den Büroalltag verdeutlicht, dass verschiedene Systeme unterschiedliche Identitäten (zum Beispiel Passwörter und Logins) benötigen. Diese „Identitäten" beziehungsweise Identifikationskriterien unterscheiden sich heute meistens deutlich zwischen beispielsweise dem E-Mail-System, dem Telefonsystem, dem Intranet und dem ERP-System. Für die elektronisch gesicherten Bereiche eines Gebäudes sind wiederum andere Identitäten vonnöten. Kurz: Ein Mitarbeiter, der eine spezifische Rolle im Unternehmen übernommen hat, benötigt für seine Tagesarbeit unterschiedlichste Passwörter, PIN-Codes und ähnliches. Für andere Nutzerkategorien gilt Äquivalentes. So identifiziert sich beispielsweise ein Bankkunde im Internet mit einer anderen PIN-Nummer als am Geldausgabeautomaten. Und auch bei der Nutzung des Call-Centers seines Kreditinstitutes nutzt ihm seine Unterschrift nichts, die er zur Identifizierung am Schalter seiner Bank leisten muss.

Anzahl der durchzuführenden Aktivitäten je Identität

Offensichtlich gibt es vielfältige Anlässe je Identität, die für die unterschiedlichen Rollen der vielfältigen Nutzerkategorien Aktivitäten eines Unternehmens erforderlich machen. Besonders häufig sind hierbei das Hinzufügen, das Ändern und die Löschung von Identitäten.

Multipliziert man nun die Anzahl und Häufigkeit dieser Aktivitäten mit der Anzahl der Identitäten und der Anzahl der Rollen mit der Anzahl der Nutzerkategorien, so ergibt sich eine je nach Unternehmen enorme Arbeitslast, die sich ausschließlich aus dem Thema „Identity Management" speist.

Zusätzlich zum schieren Umfang der von IT-Abteilungen zu bewältigenden Identity-Management-Aufgaben kommt erschwerend hinzu, dass der zugehörige Arbeitsaufwand zeitlich ungleich verteilt auftritt. So trifft erfahrungsgemäß in den meisten Unternehmen Montag morgens eine wahre Anfrageflut hinsichtlich Passwort-Zurücksetzungen, -änderungen und -löschungen ein. Bis zum Abend des Montags sinkt die Anzahl eingehender Aufgaben dann kontinuierlich – abgesehen von einer leichten Steigerung direkt nach der Mittagspause. Aber auch im Wochenverlauf folgt die diesbezügliche Arbeitsbelastung der IT-Abteilung einer ähnlichen Kurve. Weist der Montag traditionell die größte Arbeitsbelastung auf, so sinkt die Anzahl der eingehenden Anfragen bis Freitag kontinuierlich ab.

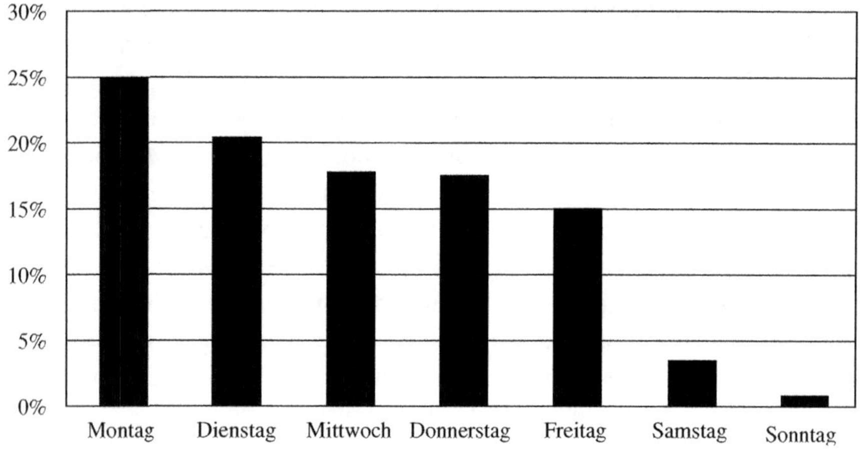

Abbildung 14. Typische Verteilung der wöchentlichen passwortbezogenen Arbeitsbelastung der IT-Abteilung in Prozent

Durch (Teil-) Automatisierungen im Identity-Management-Prozess lässt sich zwar nicht der Kurvenverlauf entscheidend verändern, die Amplitude allerdings wird deutlich verkleinert. Schon allein aus diesem Grund kann die Belastung im IT-Bereich deutlich verringert werden.

15 Nutzenpotenziale automatisierten Identity Managements

Grundsätzlich lassen sich fünf Nutzenpotenzialkategorien identifizieren, die sich mit (teil-) automatisiertem Identity Management realisieren lassen:

- Reduktion der (Verwaltungs-) Kosten,
- Optimierung der Sicherheitssituation,
- Sicherstellung der Regelkonformität,
- Produktivitätssteigerung,
- Ganzheitliche Nutzerbetrachtung.

Reduktion der (Verwaltungs-) Kosten

Dieser Optimierungsbereich bezieht sich vorrangig auf die Kostenreduktion der Nutzeradministrierung durch ein zentralisiertes, (teil-) automatisiertes Identitätsmanagement, mit dem sich Abstimmungserfordernisse und Redundanzen in den Arbeitsabläufen minimieren lassen. Da gleichzeitig auch die Komplexität der Identitätsanwendung für den User sinkt, laufen bei den verantwortlichen Support-Funktionen deutlich weniger Anfragen bezüglich vergessener Zugangscodes auf, was zusätzliche Personaleinsparungen ermöglicht. Gerade in Branchen und Unternehmen für die eine hohe Fluktuation typisch ist, macht sich die zugehörige Kostenreduktion besonders deutlich bemerkbar, da hier der Administrierungsaufwand – und damit die zugehörigen Einsparungspotenziale – naturgemäß besonders hoch sind.

Realistischerweise kann man davon ausgehen, dass in einem größeren Unternehmen einer solchen Branche von IT-Administrierungsmitarbeitern zwischen 25 und 45 Prozent der Arbeitszeit für die Administrierung der Benutzerdaten, der Zugriffsrechte und Authentifizierungsprozeduren sowie für allgemeine Nutzermanagementaufgaben aufgewendet werden müssen. Gleichzeitig kann in vielen Fällen angenommen werden, dass durch (teil-)

automatisiertes Identity Management diese Arbeitsbelastung um 60 bis 80 Prozent reduziert werden kann. Je nach Kostensituation eines Unternehmens lässt sich somit allein schon durch Personaleinsparungen im IT-Bereich erheblicher Mehrwert generieren. In Ländern und Regionen mit hohem Lohnniveau gilt dies natürlich in besonderem Maße, während sich dieses Einsparungspotenzial zum Beispiel in vielen asiatischen Ländern noch immer recht bescheiden darstellt.

Optimierung der Sicherheitssituation

Je mehr IT-Systeme für den wirtschaftlichen Erfolg eines Unternehmens an Bedeutung gewinnen, desto entscheidender ist der Schutz dieser Systeme und Daten vor unerwünschtem Zugriff, vor illegitimer Manipulation oder gar Löschung. Mit der zentralisierten Verwaltung der Zugriffsrechte wird es möglich, jederzeit volle Kontrolle über die Nutzung, Modifikation und Verwendung sicherheitsrelevanter Daten zu garantieren. Erfahrungsgemäss ist ein Großteil der unternehmensintern aktivierten Zugriffsrechtsprofile abgelaufen. Er entfällt also auf Personen, die entsprechende Rollen nicht mehr einnehmen oder das Unternehmen bereits verlassen haben. Dies öffnet unkontrollierten Systemzugriffen und Datenmanipulationen durch (ehemalige) Mitarbeiter unzählige Optionen. Dementsprechend schätzen Insider, dass die meisten nicht autorisierten Zugriffe auf Informationssysteme und nahezu alle unerlaubten Eingriffe, die zu signifikanten finanziellen Verlusten führen, durch eigene beziehungsweise ehemalige Mitarbeiter eines Unternehmens erfolgen. Oder durch Dritte, die die nicht gelöschten Accounts ehemaliger Mitarbeiter missbrauchen. Kein Wunder, denn wenn Mitarbeiter ein Unternehmen verlassen, wird nur in den wenigsten Unternehmen darauf geachtet, dass unverzüglich sämtliche Zugriffsrechte der betreffenden Person deaktiviert werden. Oftmals bleiben bis zu 25 % der Zugangscodes für einen mehr oder weniger langen Zeitraum aktiv – und damit ge- und missbrauchbar. Identity Management aber gewährleistet es, Zugriffsmöglichkeiten über sämtliche Plattformen hinweg sicher zu gestalten und zentralisiert zu deaktivieren, falls es in der Rolle oder Unternehmenszugehörigkeit eines Mitarbeiters Änderungen geben sollte. Hierzu ein Praxisbeispiel: Eine bedeutende Bank war lange Zeit der Ansicht, dass sie in Sicherheitsfragen zu den Branchenbesten zählte. Dennoch förderte eine Mitarbeiterbefragung erschreckende Ergebnisse zu Tage. So stellte man beispielsweise fest, dass ein Mitarbeiter, der die Bank verlassen hatte und sechs Monate später wieder eingestellt wurde, noch immer über die meisten seiner System-Accounts verfügen konnte. Theoretisch hätte er als ehemaliger Mitarbeiter nahezu unbeschränkten Zugang zu den von ihm früher benutzten Applikationen gehabt. Das Kreditinstitut reagierte sofort: Die verantwortlichen Mitarbeiter wurden ausgewechselt, neue Prozesse wurden definiert und man entschied sich für die Implementierung IT-gestützten Identity Managements.

So wichtig Identity Management im Rahmen eines umfassenden Sicherheitskonzeptes ist, so sehr kann es auch selbst zum Risiko werden. Zentralisierte Datenkontrolle bietet für Hacker nämlich auch einen zentralen Angriffspunkt, der für Übeltäter unterschiedlichster Couleur besonders attraktiv ist. Diesen neuralgischen Punkt im System gilt es daher besonders umfassend abzusichern.

Sicherstellung der Regelkonformität

Gesetze, (Betriebs-) Vereinbarungen und sonstige Regelungen bilden heute einen wahren Dschungel aus Paragraphen und schriftlich fixierten Pflichten. Ständig kommen neue Regeln hinzu, die von Mitarbeitern bei der Nutzung von IT-Systemen, Applikationen und selbst beim Umgang mit der unternehmenseigenen Telefonanlage zu berücksichtigen sind. Gerade bei juristischen Auseinandersetzungen kann es entscheidend sein, dass ein Unternehmen nachweisen kann, dass bestimmte Regelungen von allen Mitarbeitern jederzeit strikt eingehalten wurden. Ohne Identity Management lässt sich dies – wenn überhaupt – nur unter großen Anstrengungen bewerkstelligen. Wenn das Kind erst einmal in den Brunnen gefallen ist, ist Schadensbegrenzung notwendig und teuer. Intelligenter und meist auch preiswerter ist es da, frühzeitig durch präventive Maßnahmen dem Schadensfall vorgebeugt zu haben. Wenn Zugriffsrechte mit Hilfe eines umfassenden Identity Managements zentral definiert, vergeben, überwacht und gegebenenfalls auch wieder entzogen werden, lässt sich sowohl der Missbrauch von Systemen minimieren als auch ein Nachweis über erfolgten Missbrauch leichter führen. Hierbei sei nochmals darauf verwiesen, dass dies in Zeiten des C-Business eben nicht „nur“ für die Mitarbeiter eines Unternehmens gilt, sondern sämtliche Nutzergruppen wie zum Beispiel Kunden, Partner, Investoren und Pressevertreter mit einschließt.

Produktivitätssteigerung

Weil für jede Änderung der Zugriffsrechte mehrere interne Antragsformulare ausgefüllt, interne Bearbeitungsstatus-Reports erstellt und Management-Genehmigungen manuell erteilt werden müssen, dauern viele Prozesse im Identity-Management-Umfeld ausgesprochen lange. Die Produktivität betroffener Mitarbeiter, die auf die Nutzungsrechte vitaler Systeme und Arbeitsmittel warten müssen, ist daher oftmals für eine unnötig lange Zeit erheblich eingeschränkt. Bei Befragungen in Großunternehmen hört man daher immer wieder entsprechende Aussagen neuer, versetzter oder beförderter Mitarbeiter, wie zum Beispiel: „Es dauerte über sechs Wochen, bis ich alle notwendigen Zugriffsrechte erhalten hatte." Solange aber die Arbeitsmittel nicht in vollem Umfang zur Verfügung stehen, kann man von einem Mitarbeiter schwerlich erwarten, dass er seine volle Arbeitsleistung und Wirkung erzielt.

Besonders bei neu eingestellten Mitarbeitern wird die Zeit, die für die Erteilung sämtlicher rollenbasierter Zugriffsrechte notwendig ist, durch (teil-) automatisiertes Identity Management auf ein Minimum reduziert. Damit können diese Neuzugänge erheblich schneller ihre volle Produktivität erreichen, als wenn sie auf die für ihre Arbeit erforderlichen Hilfsmittel, Applikationszugriffsrechte etc. warten müssten. Für versetzte oder beförderte Mitarbeiter gilt Äquivalentes. Aber auch andere Mitarbeitergruppen werden durch im Zusammenhang mit Neueinstellungen verursachte, Identity-Management-bezogene Aufgaben in ihrer Produktivität beeinträchtigt, wenn keine ausreichend professionellen Systeme und Prozesse implementiert wurden. So ermittelte beispielsweise ein Unternehmen, das innerhalb von 12 Monaten rund 2.400 neue Mitarbeiter eingestellt hatte, den Arbeitsaufwand für die Gewährung entsprechender Zugriffs-, Benutzungs- und Zutrittsrechte. Man war sich dessen bewusst, dass für die oftmals manuelle Generierung und Vergabe dieser Rechte im IT-Bereich mehrere – zu viele – Arbeitsstunden je Neueinstellung angefallen waren. Überrascht war das Unternehmen jedoch, als die diesbezüglichen Arbeitsstunden des Personalbereiches (HR) und des Linien-Managements ermittelt und aufsummiert wurden. Hier kam schnell der Wunsch nach Einsparungen auf. Denn diese Zeiten beliefen sich je Neueinstellung auf rund eine Arbeitsstunde im Personalbereich und zwei Arbeitsstunden im Linien-Management (siehe Abbildung 15).

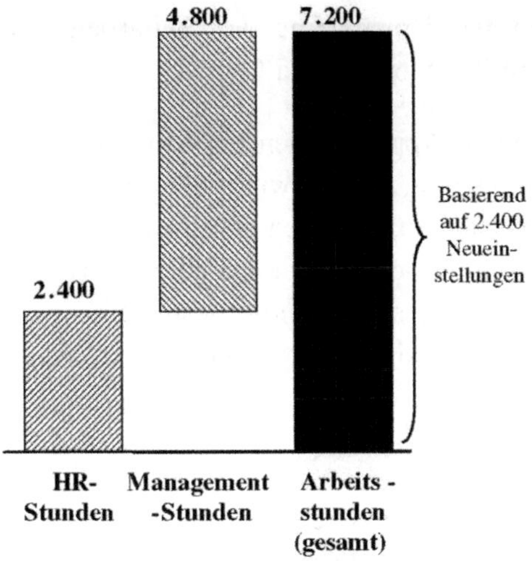

Abbildung 15. Praxisbeispiel: Jährliche Arbeitsstunden durch ineffiziente Identity-Management-Prozesse

Insgesamt lassen sich vor allem in den folgenden Kategorien Produktivitätssteigerungen erzielen. Erfahrungsgemäss repräsentieren die drei erstgenannten Aspekte die größten Produktivitätssteigerungspotenziale.

- Neu eingestellte Mitarbeiter erreichen schneller ihre volle Leistungsfähigkeit.
- Die Zeit, die Mitarbeiter täglich unproduktiv für die Identifizierung bezüglich verschiedenster Applikationen aufwenden müssen, wird spürbar reduziert.
- Administrative Arbeiten, die beim Ausscheiden eines Mitarbeiters aus dem Unternehmen vor allem im Personal- und IT-Bereich notwendig werden, lassen sich deutlich reduzieren und zum Teil automatisieren.
- Reduktion der „Down-Time" von Mitarbeitern bei Versetzung oder Beförderung.
- Administrative Arbeiten des Linienmanagements, die im Zusammenhang mit Neueinstellungen, Versetzungen, Beförderungen und Kündigungen im Bereich der Zugangsberechtigungsverwaltung anfallen, können minimiert werden.

- Reduktion der „Down-Time" von Mitarbeitern aufgrund von Problemen mit Passwörtern und Logins.

Je nachdem, wie viele Applikationen ein Mitarbeiter bei seiner täglichen Arbeit nutzt und abhängig davon, wie viele dieser Systeme eine Identifizierung von ihm verlangen, entfallen an einem ganz normalen Tag oft bis zu 15 Minuten auf unproduktive Anmeldeprozeduren. Schon mit der eher konservativen Schätzung, dass Identity Management 25 % dieser Zeit reduzieren kann, lassen sich signifikante Produktivitätssteigerungen vermuten.

Ganzheitliche Nutzerbetrachtung

Mitarbeiter nutzen nicht selten zehn und mehr Applikationen, Kunden interagieren mit dem Unternehmen über die unterschiedlichsten Kanäle wie beispielsweise Telefon, Internet und Filiale. Eine Person ganzheitlich wahrzunehmen und zu betreuen setzt somit schlichtweg voraus, dass alle diese unterschiedlichen Applikationen und Kanäle zentral verwaltet beziehungsweise gesteuert werden. Am Beispiel der Nutzerkategorie „Kunden" wird besonders deutlich, wie sehr Identity Management zum Schutz bestehender Investitionen notwendig ist. Denn in den vergangenen Jahren wurden Millionenbeträge in sogenanntes „Customer Relationship Management" (CRM) gesteckt. Dies geschah allerdings meist kanalspezifisch. Eine kanalübergreifend einheitliche Wahrnehmung und Betreuung des Kunden ist somit nicht möglich. Erst zentralisiertes, kanalübergreifendes Identity Management ermöglicht es hier, die Potenziale bestehender CRM-Plattformen voll auszuschöpfen. Denn nur wenn das Verhalten eines Kunden über die unterschiedlichsten Interaktionskanäle hinweg wahrgenommen wird, kann eine Verhaltensanalyse die gewünschten, zielsicheren Ergebnisse erbringen, die schließlich in zum Teil recht teure (Direkt-) Marketingaktivitäten überführt werden sollen.

Checkliste

Grundsätzlich ist rollenbasiertes Identity Management besonders in solchen Organisationen und Unternehmen vorteilhaft und wirksam, die folgende Eigenschaften aufweisen:

- Relativ große Organisationen mit vielen Mitarbeitern und / oder Mitgliedern,

- Vielfältige, rollenbasierte Aufgaben der Mitarbeiter / Mitglieder,
- Grosse Anzahl IT-basierter Systeme, mit denen die Arbeit der Mitarbeiter / Mitglieder unterstützt wird,
- Relativ hohe Fluktuation beziehungsweise häufiger Rollenwechsel der Mitarbeiter / Mitglieder,
- Ausgeprägte Sicherheitsrelevanz mehrerer IT-Systeme beziehungsweise der darin vorgehaltenen Daten und Informationen.

In vielen Unternehmen herrscht noch immer ein unterentwickeltes Risikobewusstsein im Identity-Management-Umfeld vor. Doch schon mit der Beantwortung weniger Fragestellungen lässt sich ermitteln, ob ein Unternehmen sich intensiver mit diesem Thema beschäftigen sollte. Natürlich kann eine fundierte Analyse nur mit Hilfe individueller Untersuchungen und Bewertungen erstellt werden. Dennoch bietet die folgende Checkliste im Allgemeinen zuverlässige Trendaussagen. Wer bei mindestens drei der aufgelisteten Fragen das mittlere oder gar ein rechts davon gelegenes Kästchen ankreuzt, sollte eine genauere Analyse der unternehmensinternen Identity-Management-Situation initiieren.

Wie aufwendig ist es für Ihr Unternehmen, einem neu eingestellten Mitarbeiter alle notwendigen Zugriffsrechte auf IT-Systeme und elektronisch gesteuerten physischen Arbeitsbereiche und -mittel zu erteilen? (E-Mail, Telefon, Zutrittskarten, Wissens-Mgt., etc.)	Nicht aufwendig	☐	☐	☐	☐	☐	Aufwendig
Wie lange müssen neue Mitarbeiter durchschnittlich darauf warten, alle (!) diese Zugriffs-, Benutzungs- und Zutrittsrechte ausüben zu können?	0 Tage	☐	☐	☐	☐	☐	Wochen
Wie gross ist der Aufwand, den Ihr Unternehmen gegenwärtig zur Verwaltung und Aktualisierung von Zugriffs-, Benutzungs- und Zutrittsrechten betreiben muss?	Gering	☐	☐	☐	☐	☐	Groß
Wie viele Mitarbeiter hat Ihr Unternehmen?	< 10	☐	☐	☐	☐	☐	> 2.000
Wie viele Prozent Ihrer Mitarbeiter übernehmen in einem Geschäftsjahr neue Positionen, verlassen das Unternehmen oder kommen neu hinzu?	0 %	☐	☐	☐	☐	☐	> 20 %
Wie viele IT-Systeme / Applikationen mit sicherheitsrelevantem Inhalt werden von den Mitarbeitern Ihres Unternehmens genutzt?	0	☐	☐	☐	☐	☐	> 5
Wie häufig verändert sich die IT-Landschaft Ihres Unternehmens (z.B. durch Innovationsdruck und -kraft, Fusionen, etc.)	Selten	☐	☐	☐	☐	☐	Häufig
Wie effizient & sicher ist der Prozess Ihres Unternehmens bzgl. der Löschung von Zugriffsrechten, wenn Mitarbeiter ausscheiden?	Effizient & sicher	☐	☐	☐	☐	☐	Ineffizient & unsicher
Welcher Prozentsatz aller Zugriffs-, Benutzungs- und Zutrittsrechte, die jene Mitarbeiter innehatten, die Ihr Unternehmen im vorigen Monat verlassen haben, sind noch nicht deaktiviert?	0 %	☐	☐	☐	☐	☐	> 15 %

Abbildung 16. Checkliste "Identity Management"

Auch wenn die in Abbildung 16 dargestellte Checkliste wertvolle Hinweise auf die Sinnhaftigkeit einer Identity-Management-Automatisierung gibt, so können diese wenigen Deskriptoren doch niemals eine endgültige und umfassende Entscheidungsgrundlage für eine entsprechende Investition darstellen. Denn in diesem Zusammenhang und zur Optimierung der Identity-Management-Fähigkeiten eines Unternehmens sind mehrere Arbeitspakete notwendig, die sich nicht auf reine IT-Fragestellungen beschränken dürfen. Im Allgemeinen sind in größeren Unternehmen hierzu mindestens die folgenden Arbeitsschritte zu durchlaufen:

Schritt 1: Analyse der betroffenen Geschäftsprozesse

Schritt 2: Detaillierte Risikoanalyse

Schritt 3: Wirtschaftlichkeitsberechnung (Business Case)

Schritt 4: Redefinition der betroffenen Geschäftsprozesse

Schritt 5: IT-Architektur zur Konsolidierung der Infrastruktur

Schritt 6: Produktdefinition und -implementierung

Schritt 7: Rollout inkl. Change-Management-Maßnahmen

Teil IV: Strategie und Management

16 Strategie im Nebel der Ungewissheit

Technologie verändert die Welt. Folglich müssen Unternehmen ihre Strategien auf sich ändernde Gegebenheiten anpassen. Doch wie soll man etwas anpassen können, von dem man nicht weiß, was es ist? Was genau verbirgt sich eigentlich hinter dem Begriff „Strategie“, der inzwischen so inflationär verwendet wird, dass er täglich an definitorischer Differenzierungskraft verliert? Basierend auf einer Zusammenfassung historischer Ansichten zum Thema „Strategie“ zeigen die folgenden Seiten, dass selbst gängige und populäre Strategiekonzepte den Realitäten einer sich – nicht zuletzt durch technologische Innovationen – schnell ändernden Wirtschaftswelt nicht mehr gewachsen sind. Darauf aufbauend wird das Konzept „Multipler Strategie“ erläutert, mit dem sich Unternehmen zukunftssicher aufstellen können.

Auch wenn der Strategiebegriff als solcher in wirtschaftlichem Kontext erst im letzten Jahrhundert Verwendung fand, so reichen seine Ursprünge doch deutlich weiter zurück. Schon vor Jahrtausenden beschäftigten sich Militärs damit, wie sich im andauernden Kräfteringen dauerhafte Vorteile erzielen lassen.

Im asiatischen Raum war der Zusammenhang von Wissen und Ergebnis schon früh bekannt. Zhuge Liang, einer der großen Militärstrategen des alten Chinas, war bereits vor über 2.000 Jahren davon überzeugt, dass Weisheit siegt bevor sie kämpft und nur Ignoranz kämpft um zu siegen. Zhuge Liang zufolge bedeutet dies auch, dass Erfolg oder Misserfolg nicht zwangsläufig aus offensichtlichen Stärken wie zum Beispiel modernen Waffen oder starken Verteidigungseinrichtungen resultieren. Denn das Ergebnis beruht vielmehr auf gekonntem Angriff oder gekonnter Verteidigung. Eine gekonnte Attacke definiert er als einen Angriff, gegen den der Gegner sich nicht zu verteidigen weiß. Eine gekonnte Verteidigung ist ihm zufolge eine solche, bei der der Gegner nicht weiß, wie er angreifen soll. Je offensichtlicher eine Kriegspartei ihre Stärken und Schwächen der Verteidigung (zum Beispiel in Form hoher Mauern) oder des Angriffs (zum Beispiel in Form moderner Waffen) zur Schau stellt und dem Gegner somit Entscheidungshilfen bietet, desto weniger kann man laut Zhuge Liang also von gekonnter Kriegskunst oder erfolgreicher Strategie sprechen. Stark vereinfachend könnte man seine Gedanken damit zusammenfassen, dass strategische Vorteile daraus resultieren, dass man selbst einen möglichst hohen Kenntnis- und Wissensstand bezüglich der gegenwärtigen und künftigen Gegebenheiten sicherstellt, während man den Gegner hier möglichst im Ungewissen lässt. Damit folgt Zhuge Liang dem wohl bekanntesten und vielleicht auch ältesten aller antiken Strategen: Sun Tzu. Auf gerade einmal 25 Textseiten fasste dieser vor rund 2.400 Jahren seine Überlegungen zur Kriegskunst zusammen, die bis heute für asiatische Offiziere und Manager zur Pflichtlektüre gehören. Auch Sun Tzu legte großen Wert darauf, dass strategische Vorteile auf Wissensvorsprung beruhen, sich asymmetrische Informationssituationen in strategische Vor- oder Nachteile übersetzen lassen.

Über 2.000 Jahre später veränderten Innovatoren wie Carl Zeiss, Gottlieb Daimler, Willy Messerschmitt, Konrad Zuse und viele andere mit ihren technologischen Innovationen die Welt – fundamental und irreversibel. Sie stellten langfristig planende Menschen damit vor die Herausforderung, mit Unvorhersehbarem rechnen zu müssen. Angesichts solcher Innovationen muss sich das antike Postulat des für langfristige Entscheidungen erforderlichen Wissensvorsprungs neuen Fragen stellen. Kann angesichts des beschleunigten Fortschrittes das Wissen um zukünftige Gegebenheiten noch als belastbare Basis für strategische Entscheidungen herangezogen werden? Wer kann von sich behaupten, die Wirtschaftswelt von morgen zu kennen? Richtig: niemand. Und dennoch macht sich jeder Manager eine mehr oder minder diffuse Vorstellung davon, was ihn, seine Firma, unsere Volkswirtschaften in den kommenden Jahren und Jahrzehnten erwartet. Nur so glauben wir, uns darauf vorbereiten und schon heute die richtigen Weichen stellen zu können. Dieser Anspruch postuliert die einzige Annahme die mit Sicherheit die Zukunft charakterisiert: Die zukünftige Wirtschaftswelt wird von der jetzigen verschieden sein.

Um die Unterschiede zwischen beiden Zuständen möglichst exakt bestimmen zu können, werden allerlei Verfahren und Methoden angewendet. Statistik darf jedoch nicht darüber hinweg täuschen, dass sich die Zukunft menschlicher Aktivität nicht nur aus der Befolgung von (ökonomischen) Naturgesetzen ergibt. So beeindruckend und einleuchtend manche volkswirtschaftlichen Modelle auch sein mögen, sie lassen außer Acht, dass der

Mensch denkt, entscheidet, sich umentscheidet und durch Innovationen die Zukunft jeden Tag aufs Neue verändert. Dabei spielen Emotionen ebenso eine Rolle wie rationale Überlegungen. Genau jene menschlichen Züge wirtschaftlichen Handelns aber entziehen sich den gängigen Prognosemethoden ebenso wie die Vorhersage innovationsgetriebener Friktionen. Zwangsläufig gilt es daher, das Unerwartete zu erwarten, mit dem Überraschenden zu rechnen. Dies ist leichter gesagt als getan. Und dennoch liegt hier der Unterschied zwischen weitsichtiger Führung und mittelmäßigem Management begründet – vielleicht auch zwischen Glück und Unglück.

„The Economist" führte ein interessantes Experiment durch, um die Zuverlässigkeit von Zukunftsprognosen zu ermitteln. Im Jahre 1984 bat „The Economist" vier Finanzminister, vier Unternehmensführer multinationaler Firmen, vier Wirtschaftsstudenten der Oxford University und vier Müllmänner, Zehnjahresvorhersagen bezüglich wirtschaftlicher Rahmenbedingungen zu treffen. Hierbei ging es um grundlegende Wirtschaftsverhältnisse, die viele unternehmerische Entscheidungen beeinflussen wenn nicht gar steuern: durchschnittliche Wachstums- und Inflationsraten der OECD-Länder, Wechselkurs zwischen US Dollar und britischem Pfund, Ölpreis, etc.

Nach Ablauf der Vorhersage-Periode, im Jahre 1994, überprüfte „The Economist" die Treffgenauigkeit der nunmehr zehn Jahre alten Prognosen. Im Durchschnitt waren die Vorhersagen 60 % über oder unter den Werten, die inzwischen Realität geworden waren. Die – trotz solcher Abweichungen – „besten" Vorhersagen stammten von den Müllmännern und den Unternehmensführern. Die vier Finanzminister landeten auf dem letzten Platz. Da alle Prognosen von der Realität sehr weit entfernt waren, untermauert dieses Experiment die These, dass die Zukunft als ungewiss akzeptiert werden muss.

Sicher ist hingegen, dass schon die öffentliche Verbreitung wirtschaftlicher Prognosen Menschen zu bestimmten Handlungen animieren oder sie von bestimmten Handlungen abhalten kann, wodurch die Zukunft aktiv verändert wird – meist in einer Weise, die in den Modellen, auf denen die Prognosen beruhen, nicht abgebildet ist. Ergo kann das Eintreffen einer früheren Prognose nicht als Beleg für die Richtigkeit der ihr zugrundegelegten Vorgehensweise dienen. Ebenso unklar bleibt dann aber auch, ob eine Vorhersage nur deshalb nicht wahr geworden ist, weil sie Resultat einer fehlerhaften Vorgehensweise war. Fazit: Je schneller technologische Veränderungen einander ablösen und gesellschaftliche wie wirtschaftliche Verhältnisse verändern, desto größer wird die Unsicherheit, unter der Wirtschaftsführer ihre zukunftsgerichteten Entscheidungen treffen müssen.

Hatten die antiken Generäle aber nicht eine notwendige Verknüpfung von (sicherem) Wissen und Strategie formuliert? Ist bei der heutigen Veränderungsdynamik Strategie dann überhaupt noch erforderlich, möglich?

Erneut bietet der Blick in ein altes militärstrategisches Meisterwerk Hilfe. Der 1831 im Alter von 51 Jahren verstorbene preußische General und Militärtheoretiker Carl Philipp Gottfried von Clausewitz erläutert in seinem unvollendet gebliebenen Werk „Vom Kriege", dass Unsicherheit kein Widersacher sondern vielmehr ein notwendiger Begleitumstand jeder Strategie ist. Zur Begründung bedient sich Clausewitz einer an die klassische griechische Philosophie erinnernden Dialektik. Im Krieg, wie auch im wirtschaftlichen Wettbewerb von Unternehmen, stehen sich intelligente, mehr oder minder starke Widersacher gegenüber. Da keine Seite mit Sicherheit die Absichten des jeweils anderen bis ins Detail kennen, geschweige denn dessen künftige Entscheidungen und Handlungen mit Sicherheit vorhersehen kann, muss jeder – vor dem Hintergrund der hieraus resultierenden Unsicherheit – permanent verschiedene Handlungsalternativen dialektisch gegeneinander abwägen. Dialektik und Strategie gehören zusammen. Zusammenfassend schreibt Clausewitz: „Alles Handeln im Kriege ist, wie wir schon gesagt haben, nur auf wahrscheinliche, nicht auf gewisse Erfolge gerichtet". Somit stehen der Wettstreit gegenläufiger Interessen und der, wie Clausewitz ihn nennt, „Nebel der Ungewissheit" im Mittelpunkt jeglicher Strategie.

In seinem Werk „Krieg und Frieden" unterstützt Leo Tolstoi diese Ansicht, in dem er über kriegerische Auseinandersetzungen schreibt: „Eine zahllose Menge freier Kräfte – denn nirgends ist der Mensch freier als in der Schlacht, wo es um Leben oder Tod geht – übt ihren Einfluss auf die Richtung, die eine Schlacht nimmt, und diese Richtung kann niemals von vorneherein bekannt sein und fällt nie mit der Richtung irgendeiner Einzelkraft zusammen."

Die Akzeptanz der Unsicherheit als unumgängliches Element, ja sogar als notwendige Voraussetzung für den Bedarf an strategischen Überlegungen kennzeichnet den vielleicht wesentlichsten Unterschied zwischen den Militärtheoretikern des antiken Chinas und der jüngsten Jahrhunderte. Damit kann Clausewitz eine Weiterentwicklung des Strategieverständnisses zugeschrieben werden, ohne die in Zeiten beschleunigter, wirtschaftlicher Innovationszyklen – und damit Planungsunsicherheit – Strategie nicht sinnvoll einsetzbar wäre. Zur Eingrenzung seines somit noch heute aktuellen Strategieverständnisses unterscheidet er zunächst zwischen Taktik und Strategie. Taktik bezieht Clausewitz in militärischem Kontext auf den Gebrauch der Streitkräfte im Gefecht, während er Strategie als den Gebrauch der Gefechte zum Zwecke des Krieges kennzeichnet. Demnach bestimmt Strategie vier wesentliche Elemente jedes Wettkampfes, sei es nun eine kriegerische Auseinandersetzung oder ökonomischer Wettbewerb:

- das Ziel der Anstrengung beziehungsweise Auseinandersetzung,
- das Gebiet der Auseinandersetzung (beispielsweise Region oder Ort beziehungsweise Markt oder Marktsegment),
- den Zeitpunkt der Auseinandersetzung, beziehungsweise die zeitliche Abfolge unterschiedlicher Auseinandersetzungen,
- die Ressourcen, die für die Auseinandersetzung(en) eingesetzt werden sollen.

Und obwohl der Strategiebegriff erst über 130 Jahre nach Clausewitz in der Wirtschaftswelt eingeführt wurde, stellen diese Elemente auch heute noch die Eckpfeiler strategischer Überlegungen dar. Vereinfachend lassen sich im ökonomischen Zusammenhang die oben angeführten vier Elemente zu zwei Fragestellungen verdichten:

- Zieldefinition: Wo soll das Unternehmen in Zukunft stehen?
- Zielerreichung: Wie soll dies erreicht werden?

Seit den 60er Jahren des 20ten Jahrhunderts, als der Strategiebegriff erstmals in der wirtschaftswissenschaftlichen Welt größere Beachtung fand, haben sich recht unterschiedliche Lehrmeinungen entwickelt. Erstaunlicherweise decken einige der bis heute populärsten Ansätze weder alle vier klassische Strategieelemente ab, noch behandeln sie die beiden vereinfachenden, sich geradezu aufdrängenden Fragestellungen nach der Zieldefinition und der Zielerreichung. Selbst in akademischer Hinsicht herrscht inzwischen Uneinigkeit darüber, was Unternehmensstrategien tatsächlich auszeichnet. Die unterschiedlichen Denkansätze lassen sich grob in zwei Kategorien unterteilen, die mit diesen beiden Fragestellungen als in etwa kongruent angesehen werden können:

- Präskriptive Ansätze, die beschreiben, was sein soll (Zieldefinition),
- Deskriptive Ansätze, die beschreiben, was ist und vorgeht (Zielerreichung).

Zur Kategorie der präskriptiven Ansätze zählt zum Beispiel die Ansicht, dass eine Strategieentwicklung ein optimales Gleichgewicht aus internen Stärken und Schwächen sowie externen Gefahren und Chancen anstreben solle (SWOT: Strengths, Weaknesses, Opportunities, Threats). Uneins ist sich hier die Literatur allerdings darüber, ob die an diesem Ziel orientierte Unternehmensstrategie von der Unternehmensleitung in mehr oder minder unstrukturierter Form definiert werden soll, was es den Mitarbeitern überlässt, hieraus konkrete Handlungsmuster abzuleiten. Oder ist hier ein stärker strukturierter Prozess vorzuziehen, bei dem vordefinierte Arbeitsschritte und Checklisten die Erarbeitung der Zielsetzungen, Budgets und Umsetzungspläne in einer Weise unterstützen, dass diese Arbeit auch von planenden Nicht-Managern geleistet werden kann?

Eine zuweilen recht populäre, ebenfalls präskriptive Lehrmeinung besagt, dass Unternehmensstrategen formalisierte Analysemethoden verwenden sollten, um wirtschaftliche Gegebenheiten zu untersuchen und um daraus eine wünschenswerte Marktposition des betreffenden Unternehmens abzuleiten. Zukunftsplanung solle demzufolge auf statistischer Analyse basieren. Dieser Ansatz erlangte vor allem durch Michael Porter und einige Beratungsunternehmen größere Bekanntheit. Er gestattet es Strategen, ihre Empfehlungen durch anscheinend unwiderlegbare Analyseergebnisse und Tatsachen zu untermauern. Allerdings berücksichtigt dieser Ansatz den bereits über 100 Jahre zuvor von Clausewitz erläuterten, oben angeführten „Nebel der Ungewissheit“ nur unzureichend.

Deskriptive Ansätze beschäftigen sich mit den Prozessen, die bei der Strategieentwicklung ablaufen. Sie gehen beispielsweise davon aus, dass Strategien sich permanent verändern, dass sich die Entwicklung und Implementierung von Strategien nicht auf die Unternehmensführung beschränken lässt, sondern dass Strategen überall im Unternehmen anzutreffen sind, sich quasi das gesamte Unternehmen stets mit der Strategieaktualisierung beschäftigt und taktische Handlungen am jeweils aktuellen Stand der Strategie orientiert. Darüber hinaus sind in der deskriptiven Kategorie auch Meinungen anzutreffen, die Strategie als einen sich permanent vollziehenden Verhandlungsprozess ansehen, der den Ausgleich unterschiedlicher Machtverhältnisse und daraus resultierender Interessenslagen fokussiert. Dabei wird zwischen unternehmensinternen Machtverhältnissen beziehungsweise Mikropolitik und unternehmensexterner Makropolitik unterschieden, die sich mit dem Interessensausgleich von Unternehmen und ihren externen Geschäftspartnern auseinandersetzt.

Wer hat Recht? Wer Unrecht? Der Ökonom würde – wie so oft – sagen: „Es kommt darauf an ...!" Die Antwort hängt davon ab, welche Situation, Industrie, Friktion betrachtet werden soll, und wer weiß, welche Faktoren sonst noch ihren Einfluss ausüben. Sinnvoller, als im Streit der Lehrmeinungen nach Gewinnern und Verlierern zu suchen, ist die pragmatische Optimierung der Ansätze. Kein Wunder also, dass sich in letzter Zeit zunehmend Mischformen herausgebildet haben. Interessant hierbei ist insbesondere die Idee, durch die Integration chaostheoretischer Elemente Clausewitz' „Nebel der Ungewissheit" Rechnung zu tragen.

Durch entsprechende Mischformen ergeben sich neue Handlungsspielräume, die es Unternehmensstrategen gestatten, der individuellen Unternehmenssituation gerecht zu werden, detailliertere Ziele zu formulieren und vor allem beim Prozess der Zielerreichung der Entkoppelung von Strategiedefinition und zielgerichteter taktischer Wirksamkeit entgegenzuwirken.

Zieldefinition:

Warum sollten präskriptive Ansätze die Beschreibung der gewünschten Marktposition stets auf die beiden seit Porter populärsten Dimensionen Kostenführerschaft und Angebotsdifferenzierung beschränken müssen? Schon allein die Betrachtung des wohl bekanntesten Softwareunternehmens, Microsoft, zeigt, dass weltweite Marktdominanz sehr wohl erreicht werden kann, ohne in einer der Dimensionen Preis oder Produktqualität zu den attraktivsten Anbietern zu gehören. Ergo können die Steigerung der Kundenabhängigkeit (erreichbar beispielsweise via exklusive Herrschaft über bestimmte Distributionskanäle, proprietäre Angebote oder eine ausgesprochen starke Markenmacht), produktunabhängige Kundenorientierung und weitere Erfolgskriterien ebenso erfolgsbestimmende Dimensionen einer angestrebten Marktposition darstellen.

Zielerreichung:

Schon Clausewitz machte klar, dass bei der Strategiedefinition nur eine Annahme als gegeben angesehen werden kann: dass alle anderen Annahmen einem steten Wandel unterliegen. Die hiermit unumgänglichen, permanenten Anpassungen machen das Thema „Strategie" zu einer Prozessfrage. Die Mission eines Unternehmens mutiert zum beweglichen Ziel. Sich bei der Zielerreichung auf die Zielorientierung von Unternehmensfunktionen, Abteilungen und Produkten zu konzentrieren, ist somit nicht ausreichend. Geschäftsprozesse sind in die Anpassungen einzubeziehen. Drei Prozessbereiche sind hierbei besonders entscheidend, wobei die beiden erstgenannten eine – oberflächlich betrachtet – ambivalente Beziehung zueinander pflegen, in Wahrheit aber ohne den jeweils anderen unternehmerischen Erfolg unmöglich machen:

- Management und die Sicherstellung operativer Effektivität und Effizienz,
- Innovation.

Mit neuen Ideen auf den Markt zu gehen ist gut. Ohne konsequentes Management wird dies allein aber keinen nachhaltigen Erfolg zeitigen. Viele spektakulär gescheiterte Unternehmensgründungen der sogenannten „New Economy" haben dies Anfang dieses Jahrhunderts abermals auf drastische Weise verdeutlicht. Andererseits werden selbst etablierte und effizient wirtschaftende Unternehmen langfristig an Bedeutung verlieren, wenn sie über keine ausreichende Innovationskraft verfügen.

Der Bereich der Kundenbeziehungsprozesse stellt den dritten, wesentlichen Erfolgsfaktor dar, der über die Zielerreichung entscheidet. Obwohl hier in den vergangenen Jahren hohe Summen investiert wurden, werden oft noch immer grundlegende Fehler begangen. Selbst die oft als Vorreiter gepriesenen Banken können noch immer nicht die attraktivsten Kundensegmente identifizieren und individuell betreuen, um ihre Umsatzströme zu optimieren (siehe Kapitel 5.2).

Wenn Strategie nun aber per se eher einem auf ein bewegliches Ziel ausgerechteten Prozess gleicht, welche Berechtigung haben dann Konzepte und methodische Hilfsmittel, die sich mit statischen Momentaufnahmen beschäftigen? Sind SWOT-Analysen, die fünf Kräfte struktureller Marktattraktivität, Portfolioanalysen und Score Cards bei Strategieberatern zu Recht so beliebt? Oder hängen Sie vielmehr einem Strategieverständnis nach, das sich fälschlicherweise an einem deterministischen, aus der Mathematik und Naturwissenschaft (fehlerhaft) auf wirtschaftliche Verhältnisse übertragenen Gesetz von Aktion und Reaktion orientiert? Muss nicht im Sinne Clausewitz' viel eher von adaptiven Gegenspielern und Systemen ausgegangen werden, die angesichts wirtschaftlicher Interdependenzen und unterschiedlichster Organisationsstrukturen als mehr oder minder komplex angesehen werden müssen?

Wenn dem so sein sollte, dann hat sich strategische Arbeit an verschiedenen Grundkonstanten zu orientieren:

- Weil sie kaum deterministische Kausalbeziehungen aufweisen, lassen sich komplexe adaptive Systeme schwerlich steuern. Man kann sie höchstens stören.
- Der Zustand der Ruhe und des Gleichgewichtes stellt für komplexe adaptive Systeme eine tödliche Gefahr dar, weil sie ohne Innovation zwangsläufig auf evolutionärem Wege verdrängt werden.
- Wenn sie unverhofft mit neuen, schwerwiegenden Problemen konfrontiert werden, durchleben komplexe adaptive Systeme meist eine Zeit der Desorientierung, bevor sie wieder auf erfolgreichen Kurs gehen können.

Akzeptiert man derartige Aussagen als Gegebenheiten, die uns im wirtschaftlichen Alltag stets begegnen werden, dann müssen Unternehmensstrategien auf folgendem Fundament aufbauen:

- Die Zukunft ist aus zwei Gründen ungewiss: Erstens lässt sie sich zwar verändern, aber grundsätzlich nicht steuern. Und zweitens unterliegen Märkte, Kunden und Allianzen einem stetigen Wandel, so dass langfristige, exakte Vorhersagen schlichtweg nicht möglich sind.

- Wer nachhaltigen Erfolg sucht, muss sich stets verschiedene Optionen für das künftige Geschäft offen lassen – denn der eine oder andere Geschäftszweig wird unweigerlich Phasen der Reorientierung durchleben und damit Umsatzeinbußen erleiden, die dann durch andere Umsatzquellen ausgeglichen werden müssen, denen dieses Schicksal zwar auch droht, wahrscheinlich aber zu einem anderen Zeitpunkt.

Strategische Entscheidungen auf anscheinend sicheren Zukunftsprognosen aufzubauen und sie auf ein fix vorgeschriebenes Ziel auszurichten, zum Beispiel auf eine spezifische Marktposition, ist somit unter langfristigen Gesichtspunkten der grundlegend falsche Ansatz. Vielmehr muss ein Weg definiert werden, der stets Möglichkeiten zur Richtungsänderung offen lässt. Es gilt also, Strategien auf dem Grundkonzept der Evolution aufzubauen. Denn in evolutionsrelevanten Zeiträumen gedacht verfügt die Natur über eine deutlich geringere Vorhersagekompetenz, als wir sie uns Menschen Arbeitstag für Arbeitstag anmaßenderweise zuschreiben. Und doch entwickeln sich und überleben einige Arten, während andere aussterben: Unter der Zielvorgabe des Überlebens gewinnt der Anpassungsfähige der sich jene Lebensräume aussucht, in denen Veränderungszwänge und Lebensgrundlagen in einem ausreichend sinnvollen Verhältnis zueinander stehen. Es wird nicht aussortiert, wer sich zum entscheidenden Zeitpunkt gegen die wesentlichen Bedrohungen durchsetzt. Es bleibt am Leben, wer seine Kräfte durch Anpassung und Auseinandersetzung nicht überfordert.

Auch wenn die Analogie zwischen Unternehmensstrategie und Evolution in verschiedener Hinsicht hinkt, so verdeutlicht sie doch eines: Nachhaltiger Unternehmenserfolg lässt sich vor allem durch eine Vielfalt ständig aktualisierter (Teil-) Strategien erzielen, die langfristige, unumkehrbare Bindungen möglichst ausschließen. Es gilt also permanent neue Geschäftsfelder anzutesten und mehrere Umsatzquellen – zum Beispiel neue Quellen mit Wachstumspotenzial und ältere, langsam versiegende – gleichzeitig zu nutzen. Dieses Konzept der Vielfalt bedeutet aber auch, dass unterschiedliche Geschäftsbereiche zu einem beliebigen Zeitpunkt aller Wahrscheinlichkeit nach unterschiedlich große Erfolge und Margen erzielen. Im Umkehrschluss führt dies zu einer erstaunlichen Aussage, die so manche bisher als vorbildlich wahrgenommene Zieldefinition in Frage stellt:

Wer sein Unternehmen durch und durch auf maximale Ertragskraft ausrichtet und sich ausschließlich auf hochprofitable Geschäftsbereiche fokussiert, vernichtet die Chance auf nachhaltigen Unternehmenserfolg!

Langfristige Erfolgssicherung opfert vielmehr bewusst das kurzfristige Profitabilitätsmaximum, um zeitgleich

- die bestehenden „Cash Cows“ im Angebotsportfolio zu verteidigen und nach Möglichkeit das betreffende Geschäft auszubauen
- bereits vorhandene Kompetenzen und Ressourcen für permanente Versuche zu nutzen, artverwandte aber vom traditionellen Geschäft abweichende Umsatzquellen zu erschließen (artverwandte Diversifikation)
- vollkommen neue Umsatzquellen anzugehen, die mit dem traditionellen Geschäft zumindest auf den ersten Blick nichts oder nur wenig gemein haben, für die aber doch zumindest einige der vorhandenen Kompetenzen genutzt werden können („echte“ Diversifikation).

Hinter diesem Vorgehen, dem Konzept multipler Strategien, steckt eine eingängige ökonomische Logik: Ist ein Unternehmen nicht für plötzliche Marktveränderungen gerüstet, muss es sich schneller auf diese neuen Umstände einstellen, als es ihm aus Qualifikations-, Organisations-, Vertrags-, Marketing- und anderen Gründen eigentlich möglich ist. Um dennoch die notwendige Veränderungsgeschwindigkeit erreichen zu können, müssen zusätzliche Aufwände akzeptiert werden. Die zeitliche Kompression des Veränderungsprozesses führt somit zu wirtschaftlichen Nachteilen: Der Wandel kostet nun ein Vielfaches von dem, was für die äquivalente Veränderung in „Normalgeschwindigkeit“ aufzuwenden gewesen wäre. Ergo sind multiple Strategieansätze immer dann von Vorteil, wenn mit vielen unvorhersehbaren Änderungen des Marktes gerechnet werden muss, wenn also das Unerwartete zu erwarten, mit dem Überraschenden zu rechnen ist. Denn dann ist der Erwartungswert der Anpassungskosten, der aus einem multiplen Strategieansatz resultiert, geringer als der Erwartungswert jener Anpassungskosten, der aus dem bisher noch so weit verbreiteten Ansatz einer einzigen, „um jeden Preis durchzusetzenden“ Monostrategie resultiert.

Solche Erwartungswerte ergeben sich, wenn man die Wahrscheinlichkeit des Eintretens einer signifikanten, Anpassungen erfordernden Marktveränderungen mit den Kosten der entsprechenden Anpassung multipliziert und das Produkt dann auf den heutigen Kapitalwert abzinst. Je mehr Marktveränderungen zu erwarten sind, desto größer ist die Wahrscheinlichkeit, dass ein Unternehmen von einer solchen Veränderung überrascht wird und deshalb nicht zu „normalen" Anpassungskosten hierauf reagieren kann, sondern das aus zeitlicher Kompression resultierende Kostenpremium akzeptieren muss.

Wie bereits erläutert verzichtet der Ansatz multipler Strategien auf die Erreichung des kurzfristigen Profitabilitätsmaximums, wie es bei der Fokussierung auf eine einzige Strategie (Monostrategie) erreicht werden kann. Unter der modellhaften Prämisse einer sicheren Zukunft muss man dieses Profitabilitätsdelta daher als eine unnötige Erhöhung der Anpassungskosten werten. Denn hier stehen keine Anpassungen auf unerwartete Marktveränderungen an. Sich mit Hilfe multipler Strategien auf unerwartete Marktveränderungen vorzubereiten und hierfür Gewinneinbussen hinzunehmen, ist bei einer sicheren Zukunft daher unsinnig.

Unter der Prämisse einer hohen Wahrscheinlichkeit unerwarteter Marktveränderungen stellt sich die Situation jedoch gänzlich anders dar. Denn hier ermöglicht der Ansatz multipler Strategien, zumindest einige unerwartete Anpassungen und die damit verbundenen Kosten zeitlicher Kompression zu vermeiden, sie durch planmäßige Veränderungsprozesse zu „normalen" Kosten zu ersetzen. Kenntnisse über einen neuen Markt liegen dann bereits vor, zur Bearbeitung dieses Marktes notwendige Fähigkeiten wurden dann bereits entwickelt, wenn durch eine unerwartete Veränderung die Re-Fokussierung auf diesen neuen Markt erforderlich wird. Dies kann Wissen über neue Kundengruppen und geografische Marktsegmente für existierende Angebote ebenso umfassen wie Kenntnisse über neue Marktchancen bei existierenden Kunden. Somit erzeugen multiple Strategien bei einer unsicheren Zukunft gegenüber dem monostrategischen Ansatz deutliche Kostenvorteile.

Abbildung 17 verdeutlicht in schematischer Weise, wie sich die Erwartungswerte der Anpassungskosten, die aus den beiden verschiedenen Strategieansätzen resultieren, in Abhängigkeit von der Wahrscheinlichkeit unerwarteter Marktveränderungen zueinander verhalten. Offensichtlich gibt

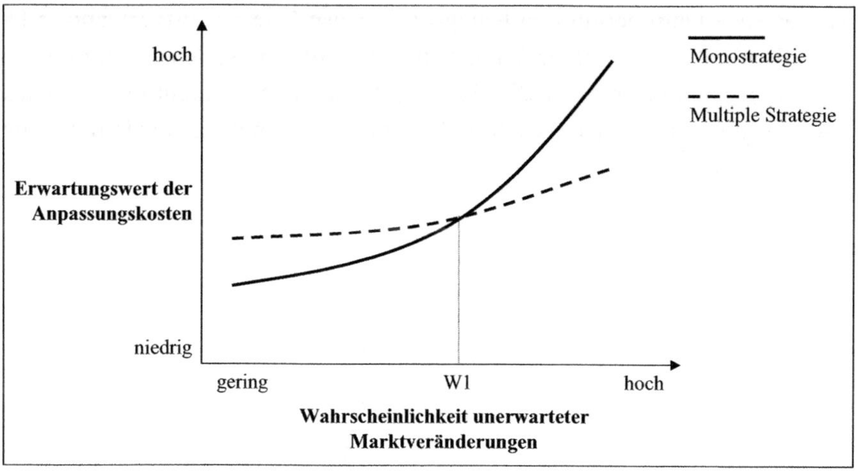

Abbildung 17. Erwartungswerte unterschiedlicher Strategieansätze

es einen Schnittpunkt beider Kurven, der bei einem bestimmten Sicherheits- beziehungsweise Unsicherheitsniveau (W1) beide Ansätze als gleich sinnvoll charakterisiert. Ist die Zukunft sicherer als in W1 vorherzusehen, so ist der monostrategische Ansatz vorzuziehen. Bei einer gegenüber W1 größeren Wahrscheinlichkeit unerwarteter Marktveränderungen aber erzeugt eine multiple Strategie mehr oder minder deutliche (Kosten-) Vorteile.

Die oben angeführten Argumente sprechen dafür, dass im wirtschaftlichen Wettstreit intelligenter, vergleichbar starker Gegenspieler die Zukunft nicht vorhergesagt werden kann, dass die Wahrscheinlichkeit unerwarteter Marktveränderungen somit als sehr hoch einzustufen ist. Der beschleunigte technologische Fortschritt unserer Tage steigert diese Ungewissheit nochmals, da Innovationen oftmals zusätzliche Friktionen verursachen und unser Wirtschaftsleben plötzlich, unwiderruflich und fundamental verändern. Für Strategen gilt es daher, die nur scheinbar schwierige – weil in Wirklichkeit unlösbare – Aufgabe, ein Unternehmen langfristig auf eine vorzudefinierende, künftige Marktposition auszurichten, gegen eine neue strategische Herausforderung auszutauschen: einen möglichst sinnvollen Mix der drei vorgenannten Aktivitäten zu erarbeiten und die Voraussetzungen dafür zu schaffen, dass das Unternehmen diesen Mix unter qualitativen und quantitativen Gesichtspunkten stets überprüfen und optimieren kann. Das vorhandene Portfolio strategischer Initiativen, die dem Unternehmen strategische Optionen in den Kategorien „Cash Cows", „artverwandter Diversifikation" und „echter Diversifikation" öffnen sollen, kommt somit zukunftssichernde, oft gar überlebensentscheidende Bedeutung zu. Diese Initiativen schaffen oder erweitern die künftigen Handlungsspielräume eines Unternehmens.

- Zeithorizont,
- Bezug zu den vorhandenen Kompetenzen,
- Kosten, die durch die Initiierung einer Initiative entstehen,
- Kosten, die voraussichtlich durch die nachhaltige Weiterverfolgung einer Initiative entstehen werden,
- Erfolgswahrscheinlichkeit / Risiko,
- Szenarien hinsichtlich des künftigen Nutzens, der durch eine Initiative ermöglicht wird,
- Wahrscheinlichkeit, durch eine spezifische strategische Initiative Türen zu weiteren strategischen Optionen aufzustoßen, die dann weitere strategische Initiativen erfordern würden

repräsentieren hierbei wesentliche Prüf- beziehungsweise Evaluationskriterien, die dabei helfen, sich für oder wider das Hinzufügen einer spezifischen strategischen Initiative zu entscheiden, die den bestehenden Aktivitäten-Mix hinsichtlich der Kategorien „Cash Cows", „artverwandter Diversifikation" und „echter Diversifikation" verändern würde. Diese Kriterien beschreiben somit die Qualität einer vorgeschlagenen strategischen Initiative.

Unter quantitativen Gesichtspunkten verbietet eine sinnvolle Kräfteallokation offensichtlich, den Vielfalts-Bogen zu überspannen und sich in einer übergroßen Zahl unterschiedlicher Initiativen zu verlieren. Wie in Abbildung 18 veranschaulicht, dürfte es für ein gesundes Unternehmen in den meisten Fällen sinnvoll sein, die größte Anstrengung auf das Bestandsgeschäft zu konzentrieren, weniger Energie auf naheliegende Diversifizierungschancen zu lenken und noch selektiver in gänzlich neue Umsatzchancen zu investieren. Eine ähnliche Kaskadierung beschreibt den Bezug der drei verschiedenen (Teil-) Strategiekategorien zu den bereits im Unternehmen vorhandenen Kompetenzen, wie er sich typischerweise darstellt.

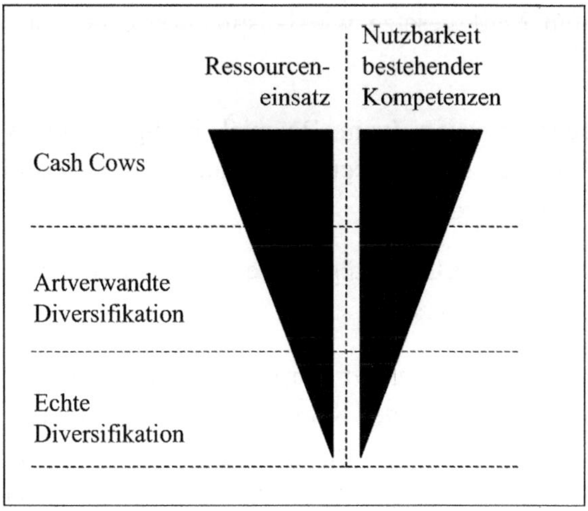

Abbildung 18. Ressourceneinsatz und Nutzbarkeit bestehender Kompetenzen für den Aktivitäten-Mix eines gesunden Unternehmens

Wenn allerdings das Kerngeschäft bereits unter starken Druck geraten ist und offensichtlich droht wegzubrechen, so können auch hiervon abweichende Kräfteverteilungen durchaus Sinn machen. Die insgesamt wünschenswerte Anzahl strategischer Initiativen wiederum hängt davon ab,

- wie stark sich Größenvorteile (Economies Of Scale) auf das betreffende Unternehmen auswirken
- welcher Änderungsdynamik der Kernmarkt eines Unternehmens unterliegt
- über welche Ressourcen ein Unternehmen verfügt

Je geringer der Einfluss der „Economies Of Scale" und je größer die aktuelle Änderungsdynamik eines Marktes, desto größer ist die anzustrebende Anzahl parallel verfolgter, strategischer Initiativen. Kleine Unternehmen mit beschränkten Finanz- und Humanressourcen wiederum können nur deutlich weniger strategische Ansätze verfolgen, als es für Großkonzerne nötig sein dürfte.

Dass mit einer multiplen Strategie verschiedene Märkte zeitgleich angegangen werden ist nicht damit gleichzusetzen, dass erfolgsverheißende

Grundsätze und Marktgesetze wie beispielsweise der aus Fokussierung resultierende

- Wissensvorsprung (zum Beispiel bezüglich eines spezifischen Markt- oder Kundensegmentes) und daraus resultierender Effizienzvorsprung

- Wettbewerbsvorteil bezüglich segmentspezifischer Preis-, Kosten- und Margenstrukturen

und so weiter außer Kraft gesetzt würden. Ganz im Gegenteil: Solche Zwischenziele müssen im planenden Sinn stets von jeder Initiative der multiplen Gesamtstrategie angestrebt werden. In jedem Markt, den ein Unternehmen bearbeitet, erwirbt es Kenntnisse und entwickelt marktspezifische Fertigkeiten. Naturgemäß werden sowohl Kenntnisse als auch Fertigkeiten beim Eintritt in einen neuen Markt zunächst in nur sehr begrenztem Umfang vorhanden sein. Stetige Fortschritts- und Erfolgskontrollen entscheiden darüber, wie sich das Unternehmen von dieser Anfangsposition weiterentwickelt. Vier Handlungsalternativen stehen zur Wahl:

- Marktaustritt und Aufgabe der entsprechenden strategischen Initiative.

- Ausbau der Marktkenntnisse und wirtschaftliche Nutzung dieses Wissens, zum Beispiel als Informationsvermittler.

- Weiterentwicklung der marktspezifischen Fertigkeiten und Nutzung dieser Kompetenzen beispielsweise als Abwickler für andere Marktakteure. Dies generiert zwar Umsatz, drängt das Unternehmen in diesem (neuen) Markt aber in eine reaktive Rolle, da der Kenntnismangel dazu führt, dass Marktchancen nicht erkannt und die vorhandenen Fertigkeiten nicht optimal ausgenutzt werden können.

- Ausbau sowohl der Marktkenntnisse als auch der Fertigkeiten, die zur Bearbeitung dieses (neuen) Marktes notwendig sind. Diese vierte Handlungsalternative zielt also darauf ab, sich auf dem neuen Markt als kompetenter, handlungsfähiger und ernstzunehmender Anbieter zu positionieren.

Besonders die letztgenannte Handlungsalternative führt nun zur Notwendigkeit, für die klassischen Elemente strategischer Arbeit sinnvolle Pläne zu erarbeiten:

- Verschiedene, verschieden wahrscheinliche Zukunftsszenarien zu entwickeln
- Je Szenario die wünschenswerte Marktposition zu definieren
- Ausgehend von diesem Ziel in retrograder Weise die wahrscheinlichen, notwendigen oder wünschenswerten Gebiete künftiger, wirtschaftlicher Auseinandersetzungen beziehungsweise Anstrengungen zu definieren, die auf dem Weg zur Zielerreichung anstehen
- Die zeitliche Abfolge dieser Auseinandersetzungen beziehungsweise Anstrengungen zu planen
- Die Ressourcen zu planen, die für die einzelnen Auseinandersetzungen beziehungsweise Anstrengungen nötig sein werden

Je mehr strategische Optionen sich ein Unternehmen auf neuen Märkten eröffnen will, desto vorteilhafter ist es, durch Partnerschaften die für die zugehörigen strategischen Initiativen anfallenden Kosten möglichst gering zu halten, Fixkosten durch variable Kosten zu ersetzen und somit ein Höchstmass an Entscheidungsfreiheit und Flexibilität zu wahren. Wie im zweiten Teil dieses Buches erläutert wurde, sind Web Services ein probates Mittel, das in diese Richtung wirkt.

17 Evolution im Management

Die Lektüre dieses Buches wird bei dem einen oder anderen Manager neue Sorgenfalten hinterlassen haben: Eine neue Technologie steht ins Haus, Geschäftsprozesse werden sich ändern, Kooperationskonzepte müssen überdacht werden, vielleicht sollte schon bald ein neuer Zielmarkt mit abgewandelten Angeboten angegangen werden. Und der Kunde? Der ist inzwischen ohnehin weniger berechenbar als jemals zuvor. Im Grunde geht es um eine neue Runde der Beschleunigung unternehmerischer Entscheidungen und Tätigkeit.

Das Gute an dieser unsicheren Zukunft ist: Strategisches Denken und effektives Management sind gefragter denn je, um Unternehmen zukunftsfähig zu machen.

Im ersten Teil dieses Buches wurde dargelegt, wie sich das Zusammenspiel verschiedener Unternehmen ändern wird, wie sich zunehmend hybride Mischformen aus hierarchischen Koordinationsstrukturen und Marktstrukturen etablieren werden. Für den Mikrokosmos eines Unternehmens gilt Äquivalentes. Je stärker sich Kommunikation und Interaktion verschiedener Mitarbeiter eines Unternehmens auf elektronische Kanäle verlagern, desto weniger korreliert der hierarchische Rang eines Kommunikators mit der Bedeutung, die seinen Äußerungen beigemessen wird. Schon E-Mail führt quasi zur „internen Demokratisierung" einer Firma, asymmetrische Informationszustände weichen zumindest tendenziell ausgeglicheneren Wissensverteilungen. Die gezielte Vorenthaltung von Informationen – ein wesentlicher Baustein der Machterhaltungskonzepte mancher Manager – lässt sich somit schwerer aufrecht erhalten als zuvor. Traditionelle Organisationskonzepte die sich darauf stützen, Unternehmensziele hierarchischen Stufen entsprechend zu zerlegen und parallel die zugehörigen Informationen und Aufgaben auf diese Stufen zu verteilen, kommen ins Wanken. Auch wenn diese Tendenz Hierarchien nicht gänzlich auflösen wird, so muss sich das Management doch zumindest in Teilen quasi neu erfinden und die Verantwortlichkeitsverteilung neu definieren.

Beschleunigung unternehmerischer Tätigkeit erfordert auch aus einem anderen Grund, über Entscheidungsstrukturen neu nachzudenken. Denn die abermals verkürzten Reaktionszeiten resultieren zu einem guten Teil daraus, dass nun Transaktionsdaten, Inventarinformationen, Entwicklungs- und Produktionspläne, Verkäufer- und Online-Informationen, Kundendaten und Markterfahrungen sowie Wettbewerbsanalysen nicht mehr nur in ihren Silos verbleiben, sondern im Zusammenspiel eine bessere und schnellere Koordination der Geschäftsprozesse erlauben. Da ist es unvermeidbar, dass nun Entscheidungen getroffen werden müssen, die vor der Verknüpfung dieser Informationsquellen entweder überhaupt nicht oder weniger schnell anstanden.

Die vielleicht grundlegendste Änderung wird das Management in der Zielrichtung seiner Tätigkeit erfahren. Gerade große Unternehmen investieren viel Energie in die Koordination interner Abläufe und Mitarbeiter. Mit verbesserter Informationstechnologie werden diese Aufgabe zweifellos einfacher lösbar. Ceteris paribus könnten somit künftig bei gleichem Koordinationsaufwand Organisationen von noch größerem Umfang gemanagt werden. Wenn sich aber die Variable „Unternehmensgröße" nicht ändert, so ergibt sich eine Neuverteilung der Managementtätigkeit. Denn auch wenn das Unternehmen nicht wächst legen die Ausführungen dieses Buches nahe, dass künftig deutlich mehr externe Partnerschaften zu administrieren sein werden, als bisher. Die Ursache hierfür ist im Grunde simpel: Unvollkommene Marktinformation führt zu signifikanten Such- bzw. Transaktionskosten. Dies hat in der Vergangenheit dazu geführt, dass Unternehmen deutlich mehr Funktionen intern und durch eigene, mehr oder minder längerfristig gebundene Mitarbeiter wahrgenommen haben, als dies eigentlich sinnvoll war. Nur wenn die Preisvorteile externer Partner gegenüber den – zum Beispiel durch Überkapazitäten verursachten – internen Kosten deutlich über den o.a. Transaktionskosten lagen, wurde von intern auf extern „umgeschaltet". Durch Web Services aber sinken diese Such- und Transaktionskosten erheblich. Folglich werden externe Partner häufiger Vorteile bieten können. Die Tendenz zur Auslagerung von Aufgaben folgt somit wirtschaftlichen Gesetzmäßigkeiten.

Je weiter die Realität der Such- und Transaktionskosten durch Informationstechnologie dem theoretischen Idealzustand (null Kosten) angenähert werden kann, desto flexibler wird der Markt, jedes Unternehmen, jede Kooperation und letztlich auch jeder arbeitende Mensch auf ökonomische Änderungen reagieren können – und auch müssen. Feste, langjährige Verträge werden zumindest teilweise durch flexible, jederzeit wieder lösbare Bindungen ersetzt. Dies gilt auch für Funktionen, die bisher intern durchgeführt wurden. Manch eine Abteilung wird in Zukunft aufgelöst und durch externe Dienstleister ersetzt werden. Tendenziell führt dies dazu, dass mehr und mehr Menschen einen – zumindest scheinbar – festen Arbeitsplatz gegen den Zustand der Selbständigkeit eintauschen werden (müssen), obwohl sich zumindest kurzfristig an ihrer Tätigkeit nichts ändert. Konjunkturelle Schwankungen werden demzufolge künftig für noch mehr Menschen schneller, direkter und deutlicher spürbar werden, als bisher. Professor Ronald Coase lässt grüßen.

Die gegenwärtige Entwicklung in der Sozialpolitik Deutschlands, aber nicht nur hier, muss als Warnsignal dafür gewertet werden, dass eine solche Entwicklung von der Politik entweder nicht antizipiert oder nicht verstanden wird. Oder es gibt andere Gründe, weshalb diese Erkenntnis nicht in zukunftssichere Strukturen überführt wird.

Unternehmensleitungen aber können sich nicht jahrelang auf dem Luxus einer langen Legislaturperiode ausruhen. Sie müssen auf solche grundlegenden Veränderungen schneller reagieren. Für das Management bedeutet die oben angeführte Entwicklung u.a., dass interne Koordinationsaufgaben künftig einen geringeren Prozentsatz der Managementtätigkeit ausmachen werden, dass extern gerichtetes Management eine gewichtigere Rolle spielen wird. Dies erfordert ein neues Qualifikationsportfolio im Management – und damit eine andere Zusammensetzung der Führungsgremien. Das große Stühlerücken beginnt.

Der Volksmund weiß es schon längst: Man kann den Wind nicht verbieten. Man kann aber Windmühlen bauen.

18 Ein leiser und langer Weg

Eine Erzählung aus einer der alten Dynastien Chinas berichtet von einem Herrscher und dessen Arzt. Ersterer war weit über die Grenzen seines Landes hinaus gefürchtet und geachtet. Letzterer entstammte einer Heiler-Familie und war für seine außergewöhnlich erfolgreichen Behandlungskünste berühmt. Da fragte der Herrscher den Arzt, wer aus dessen Familie der beste Mediziner sei. Die Antwort lautete anders als erwartet:

„Mein ältester Bruder erkennt den Geist der Krankheit und entfernt ihn, noch bevor er Gestalt annimmt. Sein Name ist daher außerhalb des Hauses unbekannt. Mein zweiter Bruder heilt die Krankheit, solange sie noch nicht richtig ausgebrochen ist. Ihn kennt man daher nur in der Nachbarschaft. Ich beherrsche die Akupunktur, verschreibe Medizin und massiere die Leidenden. Daher wird mein Name von Zeit zu Zeit von den Herren gehört."

Die Zukunft wird weisen, wie viele Manager sich frühzeitig und mit Bedacht der neuen Herausforderungen des Collaborative Business annehmen. Noch offensichtlicher aber wird sich zeigen, wer seinen Unternehmen Radikalkuren verpasst – ob erfolgreich oder nicht sei einmal dahingestellt. Jedenfalls werden die in der Presse bejubelten Vorzeigeprojekte nicht immer den richtigen Weg weisen. Das weiß spätestens seit dem lauten, marktschreierischen Auf und Ab der New Economy jedes Kind.

Wenn Sie auf dem weiten Weg in die Web-Services-Zukunft neue Denkanstöße und Entwicklungsberichte suchen, dann lassen Sie sich von der Website des Autors begleiten. Unter www.web-services-strategies.com finden Sie regelmäßig neue Einsichten in das aktuelle Geschehen. Über diese Website können Sie bei Bedarf auch direkten Kontakt mit dem Autor aufnehmen.

Abkürzungsverzeichnis

Im Zusammenhang mit den Themen „Collaborative Business" und „Web Services" werden häufig Abkürzungen verwendet, die Begriffe aus dem angelsächsischen Sprachraum repräsentieren. Alle innerhalb dieses Buches und des folgenden Abkürzungsverzeichnisses genannten und gegebenenfalls durch Dritte geschützten Marken- und Warenzeichen unterliegen uneingeschränkt den Bestimmungen des jeweils gültigen Kennzeichenrechts und den Besitzrechten der jeweilig eingetragenen Eigentümer.

2PC

Two Phase Commit

4GL

Fourth Generation Language

A2A

Application-to-Application

A3

Adaptive Application Architecture

ACA

Application Control Architecture

ACMS

Application Control and Management System

AD

Applications Development

ADE

Applications Development Environment

ADS

Advertisement and Discovery of Services

ANSI

American National Standards Institute

API

Application Programming Interface

ASI

Application-Specific Interface

ASP

Active Server Pages

ASP

Application Service Providing

AWE

Automated World Economy

B2B

Business-to-Business

B2C

Business-to-Consumer

B2D

Business-to-Dealer

B2E

Business-to-Employee

BAM

Business Activity Monitoring

BOM

Byte Order Mark

BPA

Business Process Analysis

BPA

Business Process Automation

BPM

Business Process Management

BPO

Business Process Outsourcing

BPR

Business Process Re-engineering

BTP

Business Transaction Protocol

CA

Certificate Authority

CERN

Conseil Europeen pour le Recherche Nuclaire

CICS

Customer Information Control System

COBOL

Common Business Oriented Language

COM

Component Object Model

COPPA

Children's Online Privacy Protection Act

CORBA

Component Object Request Broker Architecture

CPA

Collaborative Partner Agreement

CPFR

Collaborative Planning, Forecasting, and Replenishment

CPP

Collaboration Protocol Profile

CRM

Customer Relationship Management

CSS

Cascading Style Sheet

CSS

Customer Service and Support

CSS2

Cascading Style Sheet Version 2

CSV

Comma Separated Values

CUA

Common User Access

DART

Data Analysis and Reporting Tools

DBM

Database Management

DCOM

Distributed Component Object Model

DI

Digital Identity

DLL

Dynamic Link Library

DM

Data Mining

DP

Data Processing

DSSL

Document Style Semantics & Specification Language

DTD

Document Type Description

E2E SSO

Enterprise-to-Enterprise Single Sign-On

EAI

Enterprise Application Integration

EAR

Enterprise Application Archive

EAS

Enterprise Application Solutions

EDI

Electronic Data Interchange

EDIFACT

Electronic Data Interchange for Administration, Commerce & Transport

EDPD

European Data Protection Directive

EJB

Enterprise Java Bean

ERP

Enterprise Resource Planning

FTAM

File Transfer, Access & Management

FTP

File Transfer Protocol

GUI

Graphical User Interface

HA

High Availability

HTML

Hypertext Markup Language

HTTP

Hypertext Transfer Protocol

HTTPS

HTTP über SSL

HTTP

Integrated Development Environment

IAM

Identity & Access Management

IDL

Interface Definition Language

IDM

Identity Management

IE

Information Engineering

IIOP

Internet Inter-ORB Protocol

IM

Identity Management

IMS

Information Management System

INSM

Integrated Network & Systems Management

IP

Internet Protocol

ISM

Identity & Security Management

ISP

Internet Service Provider

IT

Information Technology

J2EE

Java 2 Enterprise Edition

JAAS

Java Authentication & Authorization Service

JAR

Java Archive

JAXB

Java API for XML Binding

JAXM

Java API for XML Messaging

JAXP

Java API for XML Processing

JAXR

Java API for XML Registries

JCA

Java Connector API

JCP

Java Community Process

JDK

Java Developer's Kit

JMS

Java Messaging Service

JMS

Java Messaging Service

JSP

Java Server Pages

JSR

Java Specification Request

KM

Knowledge Management

KPI

Key Performance Indicators

LOB

Line of Business

LOMS

Logistics Order Management System

M&A

Mergers & Acquisitions

MAD

Mass-Access Device

MDT

Mobile Data Terminal

MIME

Multi-Purpose Internet Mail Extensions

MOM

Message Oriented Middleware

MVC

Model View Controller

MW

Middleware

NASSL

Network Accessible Service Specification Language

NCA

Network Computing Architecture

NCI

Network Computing Infrastructures

NSP

Network Service Provider

OASIS

Organization for the Advancement of Structural Information Standards

OMG

Object Management Group

OO

Object Oriented

ORB

Object Request Broker

OTS

Object Transaction Service

PC

Personal Computer

PDA

Personal Digital Assistant

PDF

Portable Document Format

PIP

Partner Interface Processes

RAD

Rapid Application Development

RMI

Remote Method Invocation

ROA

Return On Assets

ROI

Return On Investment

RPC

Remote Procedure Call

RTE

Real-Time Enterpise

RTF

Rich Text Format

SAML

Security Assertion Markup Language

SCL

SOAP Contract Language

SCM

Supply Chain Management

SGML

Standardized General Markup Language

SIM

Secure Identity Management

SME

Small & Midsize Enterprises

SMTP

Simple Mail Transfer Protocol

SOAP

Simple Object Access Protocol

SPML

Service Provisioning Markup Language

SSL

Secure Socket Layer

SSO

Single Sign-On

TCO

Total Cost of Ownership

TCP/IP

Transmission Control Protocol/Internet Protocol

UDDI

Universal Discovery & Description Integration

UI

User Interface

UML

Unified Modeling Language

URI

Uniform Resource Identifier

URL

Uniform Resource Locator

UTF

Unicode Transformation Format

W3C

World Wide Web Consortium

WAP

Wireless Application Protocol

WAR

Web Application Archive

WIDL

Web Interface Definition Language

WML

Wireless Markup Language

WSCM

Web Services Component Model

WSDL

Web Service Description Language

WSFL

Web Services Flow Language

WSM

Web Services Module

WSTK

Web Services Tool Kit

WSUI

Web Services User Interface

WSXL

Web Services Experience Language

WWW

World Wide Web

XACML

Extensible Access Control Markup Language

XHTML

Extensible Hyper Text Markup Language

XML

Extensible Markup Language

XPATH

XML Path Language

XSL

Extensible Stylesheet Language

XSL FO

XSL Formatting Objects

XSLT

XSL Transformation

Literaturverzeichnis

H.I. Ansoff, Corporate Strategy (New York: McGraw-Hill, 1965)

C. von Clausewitz, Vom Kriege, herausgegeben von Werner Hahlweg (Bonn: Ferdinand Dümmlers Verlag, 19. Auflage, 1991)

T. Cleary, Classics of strategy and counsel (Boston: Shambhala Publications, 2000)

I. Dierickx, K. Cool, Asset stock accumulation and sustainability of competitive advantage, Management Science, December 1989, 35, S. 1504-1514

M. Gell-Mann, The Quark and the Jaguar (New York: Freeman, 1994)

M. Hammer, J. Champy, Reengineering the corporation (New York: HarperBusiness, 1993)

K.J. Hatten, D.E. Schendel, Heterogeneity within an industry: firm conduct in the U.S. brewing industry, 1952-1971, Journal of industrial economics, 26, December 1977, 97-113

H. Holland, Hidden order (Reading: Addison-Wesley, 1995)

S. Kauffman, At home in the universe (New York: Oxford University Press, 1995)

E.P. Learned, C.R. Christensen, K.R. Andrews, W.D. Guth, Business policy: text and cases (Homewood: Irwin, 1965)

"Making Strategy", The Economist, 1 March 1997

J.G. March, H. A. Simon, Organizations (New York: Wiley, 1958)

P. Mirowski, More heat than light: economics as social physics, physics as nature's economics (Cambridge: Cambridge University Press, 1991)

J. Pfeffer, G.R. Salancik, The external control of organizations: a resource dependence perspective (New York: Harper & Row, 1978)

M.E. Porter, Competitive Strategy (New York: Free Press, 1980)

P. Selznick, Leadership in administration: a sociological interpretation (Evanston: Row, Peterson, 1957)

L. Tolstoi, Krieg und Frieden (München: List Verlag, 1967)

K.E. Weick, The social psychology of organizing (Reading: Addison Wesley, 1979)

GPSR Compliance

The European Union's (EU) General Product Safety Regulation (GPSR) is a set of rules that requires consumer products to be safe and our obligations to ensure this.

If you have any concerns about our products, you can contact us on ProductSafety@springernature.com

In case Publisher is established outside the EU, the EU authorized representative is:

Springer Nature Customer Service Center GmbH
Europaplatz 3
69115 Heidelberg, Germany

Batch number: 10105467

Printed by Printforce, the Netherlands